Ⓢ新潮新書

福留真紀
FUKUTOME Maki

名門水野家の復活

御曹司と婿養子が紡いだ100年

758

新潮社

名門水野家の復活　御曹司と婿養子が紡いだ１００年●目次

プロローグ　7

第一章　「松之廊下刃傷事件」ふたたび　21
正真正銘の「ご乱心」　不行跡の果てに　江戸の屋敷は大混乱　城を枕に死すべし　忠友が背負った宿命

第二章　名門水野家、復活す　41
すべては御伽役からはじまった　忠勤三十年、念願を達成　十代家治の側用人になる　将軍の信頼の下、権力拡大　ついに老中兼側用人になる

第三章　水野忠友、その出世と苦悩　63
田沼家との華やかな交際　縁組と離縁の裏側　意次とは違う　老中罷免　忠友ふたたび　せつなさの人、忠友

第四章　悪徳政治家としての忠成　90
意次の再来か？　「今柳沢」と呼ばれて　子沢山将軍、家斉狂騒曲　婚姻を逆手に取った酒井雅楽頭家　殿様を支えた凄腕の家老たち　正反対の老中・大久保忠真

第五章　有能な官僚としての忠成　134
水野家の新しい婿として　広い視野を持つ寺社奉行　名門を背負う矜持　文化・文政の気風の中で　きめ細やかな観察眼　権力の大きさと葛藤と

エピローグ　183

あとがき　196
主要参考文献　200
年表　203

プロローグ

肖像画に込められた思い

ここに一枚の肖像画がある。

穏やかな表情の丸顔でチャーミングな高齢の女性。

徳川幕府初代将軍家康の生母、於大の方である。刈谷城主水野忠政の娘に生まれ、岡崎城主松平広忠に嫁ぎ、天文十一年（一五四二）十二月二十六日に、嫡男竹千代、のちの家康を産んだ。

竹千代誕生の翌年、於大の方の父忠政が死去し、兄信元が水野家当主となると、水野家は今川家と手を切り、織田家との同盟関係を強めたため、今川家の傘下にあった松平家では、天文十三年に於大の方を離縁した。その後於大の方は、阿久比《あぐい》城主久松俊勝と再婚する。於大の方が竹千代と再会するのは、彼が永禄三年（一五六〇）に、桶狭間の

於大の方（日光東照宮所蔵）

戦いの先鋒として出陣し、久松の館に立ち寄った際のことだった。別離から十六年の歳月が流れていた。

天正十五年（一五八七）三月十三日に、二人目の夫久松俊勝が亡くなると、翌年、於大の方は髪をおろし、伝通院と号した。その後、母華陽院と自分の位牌と肖像画を水野家の菩提寺の楞厳寺《りょうごんじ》（現、愛知県刈谷市天王町）に奉納した。現在於大の方の肖像画は、愛知県の指定文化財となっている。

写真の肖像画はそれではなく、日光東照宮所蔵の模写である。なんだ、模写か……と思われた読者の方もいらっしゃるかもしれない。しかし、本書のスタートは、楞厳寺所蔵の原画ではなく、日光東照宮所蔵の模写でなければならない。

この模写を描いたとされている人物こそ、本書の主人公の一人。於大の方の子孫、沼津藩主水野忠友《ただとも》である。

忠友は、於大の方の弟忠重の四男忠清の家系で、忠清を初代とすると八代目の当主にあたる。忠清は、家康・秀忠・家光に仕え、信濃国松本藩七万石の藩主となり、二代忠職《ただもと》は大坂城代、三代忠直は帝鑑之間席、四代忠周《ただちか》は奥詰、小姓を務め帝鑑之間席と、代々、「古来御譜代」としてそれなりの地位を得ていたのである。

〈水野家略系図〉

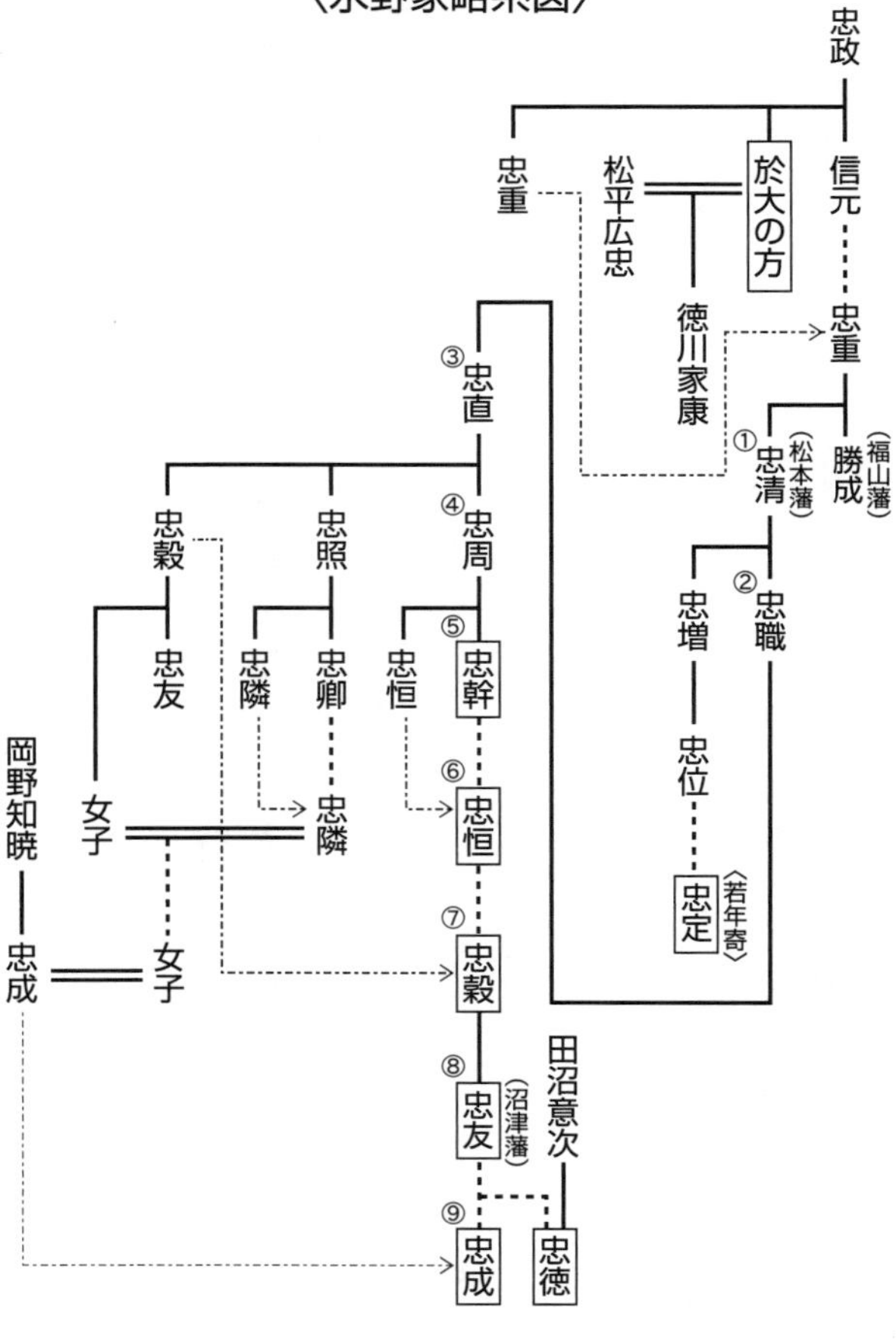

（『寛政重修諸家譜』により作成）

ところが、名君と期待された五代忠幹《ただもと》が、二十五歳という若さで死去。その弟である六代忠恒が、享保十年（一七二五）七月二十八日に、ある事件を起こした科《とが》により、水野家は松本藩七万石を改易、信濃国佐久郡七〇〇〇石の旗本となった。家康の生母の実家のまさかの転落だった。

復活の期待を背負った七代忠穀《ただよし》は、三代忠直の九男。書院番頭、大番頭を務めたが、三十六歳で病死してしまう。

御家再興の望みを託されたのは、忠穀の嫡男八代忠友であった。

本書は、水野家再興の宿命を負い、老中まで上り詰めた御曹司忠友と、その婿養子で九代当主となり、やはり老中となる忠成《ただあきら》の奮闘の道をたどることになる。

つまり、冒頭の肖像画には、忠友の強い思いが込められているのではないか。

いつ描いたのかは、わからない。

御家再興道半ばの時期であれば、自らの家は家康の生母於大の方の実家なのだ、という誇りを胸に、自らを奮い立たせながら描いたのかもしれない。ある程度、成果をあげていた時期ならば、その喜びを筆に乗せて……。晩年であれば、大きな達成感に浸りながら……。端正な筆の運びに、忠友の思いが込められていると考えると、於大の方は、少し微笑みかけているようにも見えてくる。

それでは、水野忠友を紹介しよう。肖像画をお示ししたいところだが、残念ながら現存していない。しかし、その容姿は「修徳院様御行状雑記」という史料に書き残されている。

まずは顔立ちから。

殿様の御顔立ちは、普段の日が春色に晴れたように、朝日が晴れたように、いささかもよどんだ様子はなく、さわやかである。

――殿様御顔容御平日春色の晴たる如く、朝日之晴たる如く、聊御滞の御姿なく御さわやか也、さわやかな姿である。もう少し具体的には……。

殿様の御召物は三尺六寸であった。容貌は、額はとても広く、耳は大きく、色艶は白けず御丈夫でいらっしゃり、締まっていて中肉の方である。

――殿様御召物三尺六寸を被為召候、御容形御額打開き、御耳大きく、御色艶白ケス、御丈夫成

方、御堅た肉ニ而御中肉之方、

「御召物は三尺六寸」ということは、約一〇九センチ。それから推測すると、身長は約一四〇センチというところだろうか。額が広く耳が大きくて、血色がよく健康的な、小柄な中肉男性である。

於大の方の肖像画を模写したくらいなので、彼は絵を描くことが好きだったようだ。木挽町狩野派六代目の狩野典信《みちのぶ》に相談して、将軍の御前で「早画」等も時々していたようである（「修徳院様御行状雑記」）。将軍の前でさらりと絵を描くパフォーマンスをした、ということだろう。

もう一人の主人公、忠成には、肖像画が現存している。

加えて、菩提寺の真珠院（現、文京区小石川）の墓地の発掘により、象牙の人工歯からできている総入

水野忠成（妙心寺福寿院所蔵）

れ歯を使用していたことが明らかになっている。現代の我々の目から見ても、その技術は、驚きだ（『譜代大名水野家の物語』）。

水野忠友・忠成の生きた時代

それでは、二人が生き、幕臣として活躍したのは、どのような時代だったのだろうか。八代将軍吉宗から十一代家斉の時期の世の中の移り変わりについて、同じく「修徳院様御行状雑記」から見てみよう。

殿様（水野忠友）のこと。有徳院様（八代将軍吉宗）の御代から、御勤めを始められた。もっとも、このころの御時世は、将軍は一途に政道に邁進し、権門家の風潮も贈進物などを受け取らないような世の中であった。そのために、すべて下々の者まで、大小の刀や衣類までも質素を何より大切にしたのである。

その後、惇信院様（九代将軍家重）の御代は、世の中が非常に華美になり、大岡出雲守様（側用人大岡忠光）などの権門家への贈進物等は、以前と変わった様子になり、上下《かみしも》、衣類、器物等までも驕りの兆しがみえた。

それより浚明院様（十代将軍家治）の御代に至り、世の中は利益追求や華美を極めた。田沼主殿頭《とのものかみ》様（田沼意次）が、御老中の時である。上下・衣類は軽き士までも、袴は茶宇・琥珀、着物は羽二重・綸子《りんず》・縮緬等でなければ、居心地の悪いような様子であった。大小の刀の類も中身等は吟味することなく、赤銅の鍔に金覆輪《きんぷくりん》等を用いがちな世の中であった。

「物が極まれば、又帰る」の理《ことわり》にて、当御代（十一代将軍家斉）に至り、松平越中守様（松平定信）が補佐を仰せられて以来、専ら世の中は質素を基とし、権門家へ贈進の道を絶ち、ひたすら文武が盛んになるように働きかけていた。これにより、また世の中の風潮が、質朴に帰った。

世の風潮が、吉宗政権期では質素。家重政権期では華美な雰囲気となり、田沼意次の時代である家治政権期ではそれが極まったが、家斉政権期に松平定信が将軍補佐を務めるようになると再び質朴に戻ったのだという。

そして、この義理の親子に深い縁のある人物が、田沼意次である。吉宗が将軍に就任したことにより、幕臣になることができた紀伊藩士の血筋で、老中まで上り詰めるという、名門譜代水野家とは対照的な新興大名だ。

詳しくは「第三章　水野忠友、その出世と苦悩」に譲るが、忠友は、田沼の実子を婿養子に迎え、田沼と老中を共に務め、田沼の失脚後、一時は政界を去ることになる。

一方、質朴な松平定信の時代の後に、幕府政治の第一線に登場するのが、忠成である。この頃は、化政文化が花開いた時代でもあった。忠成と田沼の関わりといえば、おなじみの次の前句がわかりやすい（「甲子夜話」巻十）。

水の出て　もとの田沼と　なりにける

水野忠成が登場したら、以前の田沼時代の様になってしまった。――つまりは、田沼の再来と評され、忠成に対しての世間の評判は悪かったのである。だが、その実像はどうだったのか。これについては、「第四章　悪徳政治家としての忠成」「第五章　有能な官僚としての忠成」で詳細に見ていくことにしたい。

周囲の人々、後世の人々の眼から

本書では、水野家再興の宿命を負い、奮闘し続けた御曹司忠友と、その婿養子忠成の真の姿に迫っていきたい。

ただ、それについて、実はネックがある。

本人の手による私的な書状や日記などが、管見の限り見出されていないのだ。

東京大学史料編纂所に「水野忠友側日記」「水野忠成側日記」があり、首都大学東京図書館が所蔵している水野家文書の老中借写日記の中に、「水野出羽守忠成日記」があるが、これらは断片的な公務日記である。また、諸大名家の史料の中に、彼らの姿を見ることはできる。

例えば八冊からなる「水野忠成側日記」は、そのうちの二（文化五年十一、十二月）、三（同七年四〜六月）、四冊目（同八年十、十一月）が若年寄で御鷹掛を務めた時期のもので、それらを分析し、幕府の鷹狩の実態を明らかにした研究がある（岡崎寛徳「御鷹掛若年寄『水野忠成側日記』に見る鷹と鷹狩」）。ほかにも、熊本藩細川家の史料である「対御鑓御先箱御願一件」（永青文庫所蔵）の分析から、細川家が文政三年（一八二〇）三月二十三日に、月番老中の水野忠成に、平日対鑓《ついのやり》の許可を申し出た顛末を明らかにしたものや（山本博文『参勤交代』、山本英貴「内願と幕藩関係」）、忠成と鳥取藩や古河藩とのやりとりを藩側の史料から解明したもの（荒木裕行『近世中後期の藩と幕府』）などがある。

しかし、これらはあくまでも、彼らの職務上の役割やその実態を明らかにしたもので、このような公務日記や公的記録からでは、その心情や実像に迫ることはなかなか難しいのである。

そこで、どうするか。

先ほどから登場している「修徳院様御行状雑記」は、水野家の勘定奉行を務めた望月通俊が、忠友の死後にその日常生活を中心にまとめた五十五話からなるものである。加えて、忠成については、忠成の言行を死の直後、近侍した家臣が記述した「公徳弁」「藩秘録」（北島正元校訂『丕揚録・公徳辨・藩秘録』）がある。

「公徳弁」には、その家臣と忠成のエピソードが登場しているので引用しておこう。

例年、公方様（十一代将軍家斉）の誕生日の十月五日には、麻上下《あさがみしも》で登城するのが恒例だったという。ところが「公徳弁」の筆者が、案詞奉行として公文書を取り扱う責任者だった時に、衣服の件を納戸に伝達するのを忘れてしまったのである。その後、登城の太鼓が鳴り、忠成が玄関まで行った所で衣服の間違いに気付き、着替える事態となった。筆者の大失態である。忠成の帰宅を待ち、すぐに不調法のお詫びを申し上げたところ、忠成は次のように言った。

例年の事だから、間違えるはずもないところであるが、納戸でも気付かず、着用する自分さえ忘れているのだから、他の者は忘れるはずである。不調法と申すまでもない。

——例年の事なれば間違間敷筈之処、納戸に而も不心附着用する自分さへ忘れてければ、外のものは忘るゝ筈也、不調法と申迄にもなし

直接の担当者の納戸の者も、着ている自分でさえ忘れたのだから、その他の者が忘れても、何の不思議もない、というわけだ。なかなか合理的な発想だ。

怒った様子もなく、それで済んだので、筆者はかたじけなく思ったという。慈悲深い主君への思慕の念が伝わってくる。

ちなみにこれらの史料は、早稲田大学図書館に所蔵されている全九十六冊の叢書「水野家史料」の一部である。その内容は、松本藩時代と水野忠友・忠成を中心とした記録である。成立は、先の望月通俊らが私的に水野家の家史編纂に着手したことを先駆とし

て、その五十年の後、幕末の混乱期の中、正式な藩の事業として、家臣の高柳邦の手により編纂されたものといわれる（金井圓「沼津藩水野家における家史編纂」）。

本書ではこれらの史料に加え、家臣たち以外の周囲の人々、後世の人々がどのように伝えていったのかがわかる史料を含め、多くの人々の視線を積み重ね、多角的に分析し、二人の人物像に迫りたい。

それでは、御家再興の宿命を負い彼らが歩んだ道を、たどっていくことにしよう。

なお、多くの方々に当時の史料を味わっていただきたく、史料は意訳している。また、年齢は数え年である。

第一章　「松之廊下刃傷事件」ふたたび

正真正銘の「ご乱心」

時は、八代将軍徳川吉宗政権期。享保十年（一七二五）七月二十八日。松本藩主水野忠恒《ただつね》は、吉宗に自らの婚姻の御礼を済ませ、御前を退出した。同じ頃、参府の御礼のために登城していた長府藩主の世子毛利師就《もろなり》も御前を退出。松之廊下で、初めて二人は出会った。

師就が扇を差したところ、忠恒は、いきなり自らの「小サ刀《ちいがたな》」を抜き、二回師就を切りつけたのだった（「土方本松本記」）。

師就は、忠恒を「狂人」と見て、どうにか取り押さえようとしたが、忠恒は無言で切りかかってくるばかり。やむを得ず、師就も自身の刀を鞘のまま握り、忠恒の手をしたたかに打ち、持っていた刀を打ち落としたのである（「有徳院殿御実紀」）。

江戸城松之廊下で、再び、刃傷事件が発生した瞬間だった。

「世説海談」（著者不明の雑録、国立公文書館所蔵）には、より具体的な事件の様子が描かれている（氏家幹人『続・幕臣伝説』第十六回「殿中でござる」）。『寛政重修諸家譜』で二十五歳とされている水野忠恒を二十二歳と、諱を「直忠」に、毛利師就を、二十歳のところを十七歳、「親就」と記すなど、疑問点もあるが、事件自体の記述は非常に生々しい。原文とともに引用しよう。


主水正《もんどのかみ》（師就）は隼人正《はやとのかみ》（忠恒）を、乱心と見て取り、どうにか手取りにしようと、鍔元を取ると、右の手の内側に少し傷を負った。二の太刀で、左耳の下縦四寸（約十二センチ）余り、深さ二寸余り切られ、のどの辺りに少しかすり傷を負った。ここに至って最早やむを得ないと、主水正も抜き合わせ、傷つけないように、隼人正の小サ刀の鍔元を打ち、下に落とした。

——主水正、乱心と見てけれバ、何卒手取尓すへきと思ひ、鍔本を取けれハ、右の手の内尓、少疵を蒙ル、同二の太刀尓て、左の耳の下、竪尓四寸余有、深サ者二寸余切込れ、吭通り尓、少々蚊摺《ママ》疵を蒙りける尓、依之最早是非尓及ハす、主水も抜合、隼人尓疵を不付様尓とあしらいて、

隼人正の小サ刀の鍔本を打けれハ、下へ打落す、

毛利家の若殿は、なかなかに冷静沈着。実に鮮やかな対応だ。

そばにいた戸田氏房が忠恒を取り押さえ、目付の長田《おさだ》元鄰《もとちか》も走り寄り、師就を押しとどめた。忠恒の結婚相手は、大垣藩主戸田氏長の養女（氏定の娘・氏長の妹）である。この氏房は氏長の弟にあたり、氏長の代理で、忠恒と共に婚姻の御礼に登城していたのだ。氏房の驚きと困惑は想像するに余りある。

そして、怪我をした師就の治療に当たったのは、外科の栗崎道有と当番医師であった成田宗庵。栗崎は、後世「忠臣蔵」と称された、元禄の松之廊下刃傷事件で、吉良義央を治療したその人であった。この時、彼の頭の中には、何が去来したのだろうか。

そして、もちろん一番驚いたのは、切りかかられた師就であろう。目付の取り調べにおける師就の回答を見てみよう（「土方本松本記」）。

御礼を申し上げて退出した際、大廊下を曲がった所で、何の覚えもないのですが、隼人正（忠恒）が私に切りつけ、左の指を切られましたので、抜き合わせて防戦し

ているところに、付近にいらした方々が、引き離して下さいました。全く遺恨もございません（「少シ茂意趣無御座候」）。今朝初めて知った方でございます。

何が何だか……。初対面の人物に、いきなり切りかかられたのだから、師就の当惑ぶりがよく伝わってくる。

一方の、忠恒の申し立ては、次のようなものだった。

私の普段の不行跡は、家来が考える以上に噂が広まっておりますので、上様の御耳に達し、今日領地を召し上げられ、主水（師就）へ下されると思い、切り付けました（「私儀、常之不行跡ニ付、家来も不存付沙汰広ク、上聞ニ達シ、今日領地被召上、主水江被下置候様存、主水江切付申候」）。今に至り、殿中に穢れと御迷惑をおかけしたと思っております。

なんと自らの不行跡を口にしている。開き直っているのか、ふて腐れているのか、それとも病んでいるのか……。

この日の登城は、忠恒の婚礼の御礼であり、師就は参勤の御礼。忠恒の領地召し上げでも、ましてやそれが師就に与えられるわけでもなかったのである。忠恒の申し立ては、彼の妄想だった。元禄の事件に学び、幕府はその後、江戸城内の刃傷事件については、事を荒立てないため、すべて「乱心」という扱いにするようになった、というが（山本博文『切腹』）、この事件の場合は、正真正銘の「乱心」だったようである。

「忠臣蔵」ではない方の、松之廊下刃傷事件。奇しくも忠恒は、元禄の刃傷事件と同年の元禄十四年（一七〇一）八月六日、江戸生まれだった。

忠恒は領地を没収され、川越藩主の秋元喬房に召し預けられた。同年八月二十七日に、忠恒の叔父で次の当主となった忠穀のもとに移され、蟄居することとなる。

水野家は、七万石の大名から、その十分の一の七〇〇〇石の旗本に転落した。

不行跡の果てに

ここまでは、事件に驚き、当惑した人ばかりが登場したが、こと水野家の人々はどう捉えたのだろうか。何よりも本人が「常之不行跡」と語るくらいである。親族、家臣の中には、驚きの中にも、やはり起こってしまったか、こうなる前に何かできることがあったのではないか、という後悔の思いを抱いた人も多かったのではないだろうか。

事件の予兆は——あったのだ。

忠恒は、非常に大酒飲みで、その上、焼唐辛子を、一度に三つも四つも食べていた。普段から気が短いことが目に見えていたので、近臣たちで心配していた者も多かったという（「常々とも御短慮の念ハ被為在候ゆへ、御近臣等ハ、危ミ勤メ候ものも多き由也」）（「松本御代記」）。

松本城に居る時は、終夜酒宴を開き、九ツ時に朝食（十二時。これでは昼食である）。それから狩に出掛け、下々の者たちの迷惑もお構いなしに鉄砲を打っていたため、城下付近の百姓は、非常に困っていた。しかし、諫言する家臣も、御家中の武芸調べもなく、「お殿様はどうしようもない（「我侭之御身持」）」と、下賤の者まで噂するありさまだった（「土方本松本記」）。

忠恒が松本を出立したのは、享保十年（一七二五）二月二十七日。代々、出発は六ツ半時（午前七時）であったので、御供の家臣たちは下々の者まで、寅の刻（午前四時）までに支度を整え、卯の上刻（午前五時）には控えていた。しかし、忠恒は酒宴に時間を費やし、出発の時であるという心構えもなく、家老の苦言も受け入れなかったため、とうとう午の刻（十二時）になってしまった。御供の者たちは昼食のため一旦家に帰り、その後また、未の上刻（午後一時）まで控えることとなり、ようやく申の刻（午後四時）に出立した。先代から保福寺《ほふくじ》（現、長野県松本市保福寺町）で昼の休憩をとり、浦野（現、長野県上田市）で泊まるのが定めであったが、出立が遅れたために、夜の五ツ時（午後八時）に保福寺に到着、夜中に峠越えをすることになり、二十八日の朝、浦野に到着した。家臣たちは非常に苦労しながら、三月二日に江戸屋敷にたどり着いたのである（「御持退本松本記」）。

同年七月二十一日、婚儀は首尾良く調い、忠恒もご機嫌だったという。しかし、同月二十七日の夜、酒を飲んで暴れ、体調も悪そうに見えた（「酒乱之御気色相見へ御心地例不成」）。忠恒は、二十八日の登城を取りやめたいと述べたが、近臣たちはそうしなかった。担当者の評議では、吟味役の尾崎新兵衛が「御婚礼式日の御礼を兼ての御登城をなさらなければ、二十九日に予定している御一家での御祝の支度の予定が狂います」と申し上げたため、「御不快」ながら、登城することになった。

普段から酒びたりで、気が短く、領民や家臣への配慮のない我儘者。前日にも酒を飲んで大暴れ。二十八日の登城を取り止めるチャンスが無かったわけでもない。「土方本松本記」の筆者は、「運の尽きだったのか（「御運之極ル処歟」）」と記している。

水野家にとって、余りにひどい事件であったせいか、次のようなエピソードまで伝えられている（「松本御代記」）。

忠恒は天文を好んだとのことで、江戸に出発する前のある夜、松本城で家臣の石井浅右衛門に、次のように語った。

私は、再びこの城に帰ってくることができないかもしれない。私に当たる星の光が明るさを失っている。何か私に災いが起こるのではないか。

——再ひ帰城難計也、我か身尓当れる星光不明、何れ身分尓禍ひ可有

忠恒自身が、自らの運命を予期していたというのだろうか。

他にも、享保年間に、松本で起きた百姓一揆の首謀者とその仲間に対し、老若を問わず死刑にしたからとか、享保十年の春は、度々地震が起こり、八月はその回数が益々増え、城内の櫓や塀が崩れ、多くの家が倒壊したことなどが、事件に関連付けられる話として伝えられている。

天もこの事件を予知していた……。

段々話がこじつけめいてきた。

それにしても、なぜ忠恒は、ここまで自覚がありながら不行跡を重ねてしまったのだろうか。事件後の忠恒の発言には、自ら抑えることのできない衝動に突き動かされていたような気配まで、感じられる。

それには、忠恒の置かれていた立場が、影を落としていたのかもしれない。

忠恒は、「生まれながらの松本藩主」ではなかった。忠恒は、五代松本藩主水野忠幹の弟で、忠幹が二十五歳で死去したために、藩主の座に就いたのである。思いがけず藩主に就任した場合、それを幸運と捉え、懸命に務める者もいただろう。しかし、忠恒はそうではなかった。そして、その原因は兄忠幹ではなかったか。

「松本御代記」には、忠幹のことが、次の様に記されている。

忠幹公は、美男で、思い遣り深く、才知にも優れた方だったそうだ。惜しいことに二十五歳でお亡くなりになり、家中は勿論他家の方にまでとても惜しまれた。諸芸にも通じていて、歌道では素晴らしい句を残されたとのこと。

――忠幹公御事、御容姿も御美男ニ而、御仁心・御賢才茂御勝れ被成候由、惜哉廿五歳ニ而御逝去被遊、御家中者勿論他家迄専ラ奉惜候由、諸芸尓も御通達、歌道迄も御秀句之由

ほかにも、次のような忠幹の治世の様子が、伝えられている（「忠直公御代より御規式等大概」金井圓「元禄期松本藩水野家の規式大概」）。

四代藩主である、忠幹の父忠周のころから、藩の財政は危機的状況を迎え、忠幹の治世となり、より深刻度を増していた。そのため、やむなく家臣たちから多くの知行を借り上げることとなった。仁心篤い忠幹は、深く思い悩み、家臣たちから意見を募った。藩財政について、役に立つことがあったら遠慮なく申し出ること。そのために客座敷の次之間に入札箱を設置するので、名前は記入してもしなくても良いので、書付をそこに投入すること。

つまり、目安箱である。箱は目付が封印し、三十日経過してから、御前で家老や年寄が同席して開き、忠幹自ら目を通したという。ほかにも、財政に関する人事を改めるなど、改革を行い、その年の内に一〇〇〇両の黒字が出たと記されている。

忠幹が二十四歳になった時には、翌年が厄年ということで、家臣たちが祈禱をして御

札を献上したいと申し出た。勝手にせよということだったので、家臣たち一同で差し上げたという。忠幹は、医師に「人は二十五歳と四十二歳が厄年というが、それに限るものではない。常に厄年と思えば、無事に過ごせるのだ」と語った。忠幹の思慮深さが窺えるエピソードだ。この話を聞いた者たちは、頼もしいことと感じ入ったという。

忠幹は、二十歳で藩主となる以前から、和漢の学問の研鑽を積み、家督相続の際には、領内のすべての百姓に籾一五〇〇俵を分かち与えた。享保七年（一七二二）には、地歴書『信府統記』の編纂も命じるなど、藩政に熱心に取り組んだ。

同八年四月には、広島藩主浅野綱長の娘と結婚している。ちなみに綱長は、赤穂の浅野家の本家にあたり、浅野長矩の弟大学の預り先であった。このようなところにも、松之廊下刃傷事件との因縁が見える。

しかし、その結婚の二十日後に、忠幹は二十五歳の若さで死去した。

その賢君ぶりが、他国までも響いていたという忠幹。「忠直公御代より御規式等大概」では、その死について、次のように記されている。

大火を消したようなありさまで、下々の者までもひどく悲しんだ。つまりは、御改易の前触れだったのだと、後々思い当たった。

——大火打消したるごとくに而、賤もの迄茂悲申事、不大方候、つまる所は御失業之前表と、後々おもひ当り候、

容姿端麗、思い遣り深く、賢く、藩政に熱心で、教養豊か。その様子は、領外にまで、鳴り響いていた。そして、若くして病に倒れるという悲劇と、家臣から領民に至るまでの深い悲しみ。

すべてが完璧すぎる兄の跡を継ぐことになった忠恒は、プレッシャーに押しつぶされそうだったのではなかったか。それが、彼を酒や奇行に走らせたのだとしたら……。

そうだとすれば、これはまた別の悲劇である。

江戸の屋敷は大混乱

享保十年（一七二五）七月二十八日。その日に戻ろう（「土方本松本記」）。

江戸屋敷には、御供の者のみが帰ってきた。家中は、上も下も大いに驚き騒ぎ、闇夜に灯火を失ったようなありさまとなる。大混乱の始まりだった。

役人たちは、闕所《けっしょ》（財産没収）になるかもしれないので、今晩の内に道具類は町方へ引き取らせるべきだと相談し、上意も得ないで屋敷から荷物を運び出した。

また、浅野綱長の家臣が大勢やって来て、忠幹の正室の荷物を残らず引き取る。戸田氏長の方からは、忠恒の正室の荷物を引き上げに来た。

夜に入ると、盗賊が紛れ込んで来るばかりか、家臣にも不忠者がいて、三ヶ所の屋敷にある三つの御道具の内二つが紛失する事態となった。深川蔵奉行の為貝半蔵は、私欲に目がくらみ、蔵にある米穀や道具類を売り払い、立ち退こうとしたところ、ほかの家臣たちが追い掛け、雑人を十四人ほどすぐに切り殺し、半蔵を生け捕りにした後、首をはねたという。

翌二十九日には、屋敷番の太田資晴に、江戸屋敷を明け渡した。ちなみに太田の正室は戸田氏定の娘であるため、水野家の縁者であった。

荻生徂徠が『政談』の中に、その際の城下や屋敷の様子を見た人から顚末を聞いて、書き記している。

家中の下々が盗みをし、財宝を売り払い、町人も押し込み、無法地帯のようで、後始末を任された親類（太田資晴）の家臣たちは、鎗を抜いて町人たちを制しなければならず、とても御城下とは思えない様子だった。

浅野綱長が、忠幹の正室を巣鴨の屋敷から引き取り、その行列が某（徂徠が話を聞いた人物）の家の前を通ったのを見ると、粗末な乗り物一挺に、供の女中はみな素足だった。しかるべき侍も随行しておらず、長持を荷う棒は生木の杉の枝をおろしただけである。しとねは剝き出しで、細引きでからげて持っていた。非常にうろたえて取り乱した様子だった。一方、忠恒の妻を戸田氏定のところに引き取った際は、船で夜中に移動したため、見苦しいことはなかったという。これは、両家から迎えに来た者の才覚の有無にもよるが、総じてあまりにも火急である。

徂徠にこの話を語った人物は、浅野綱長が娘を引き取っていく行列を、実際に自宅から目撃していたようだ。大名の妻女の迎えとは思えないようなお粗末さで、慌てぶりが尋常ではない様子が窺える。しかしこのことについて徂徠は、浅野の家臣の不手際を批判するより、あまりにも急いで江戸屋敷を引き払わなければならないことを、問題視している。

曰く、昔、主家がつぶれた後に、屋敷に家臣が住み着いてしまったことがあるため、すぐに引き払うことが、上様を敬う筋だとして、そのつぶれた家の親類が命じたことが先例となり、このようなしきたりができたのだという。そして現在では、そのような命令が、幕府から出るようになってしまった。また昔は、大名の江戸屋敷について、当座の旅宿として陣小屋のような感覚だったが、現在は、江戸詰めの家臣もおり、常住の屋敷のようだ、などと、そのあり方の違いを述べ、よほどその家を憎む理由がなければ、立ち退きの時期は、いま少し緩やかにするべきではないか、という。

そして、大名の武具の扱いについても意見を述べている。国を守る武器は、大名でなければ必要がない。家がつぶれた際には幕府へ返却すべきで、他の家財とは別扱いにすべきものである。町人へ売り払ったり、浪人となる家臣たちに分けたりするなどはもってのほかだ、と。

しかしながら、現実のつぶれた大名家に、徂徠が語るような秩序はなく、実態はカオスの極みだったのである。

城を枕に死すべし

一方、国元の家臣たちが、事件を知ったのは、翌日の二十九日の夜であった。家老や年寄などの上級家臣はもちろんのこと、家中の者すべてが大いに驚き、本丸に集まり、評議がはじまった（「土方本松本記」）。

晦日の晩、昼夜にわたる評議に一つの結論が出た。家中の者たちは、家老の大野勘右衛門に次のように申し述べた。

貴殿は、早速卯之助殿（忠穀）を同道し、家中惣名代として参府し、幕府に跡目の御願いを言上してください。そのことがかなわず、御家が滅亡することになったときには、卯之助殿を刺し殺し、そこもと（大野）は切腹してください。我々は、この城を枕に死にます。

――貴殿、早速卯之助殿同道ニ而、家中惣名代として被致参府、跡目の願可被仰上、其儀不叶及滅亡ニ者、卯之助殿指殺シ、其元切腹可被致候、残士者当城を可枕、

元禄の事件の際にも、国元の大石内蔵助たちが、一度は城を枕に討ち死にという結論

を出しているが、置かれた状況を比較して考えれば、水野家の家中の者たちが出した結論はもっと過激だ。今回は、忠恒側に一方的に落ち度があり、忠恒はお預けになってはいるものの、切腹させられたわけではない。それにもかかわらず、家臣たちは、跡目相続が叶わなければ相続候補者を殺し、家臣全員で死ぬ、というのだから……。もう、無茶苦茶。

家中の皆が知っていた、忠恒の不行跡。それに対して、ほぼ無策だった自分たちへの後悔と怒り。加えて自らの将来への不安が錯綜し、集団心理が生み出した、ただならぬ空気の中に、彼らは飲み込まれていたのだろうか。

しかし、さすがにその意見を聞いた家老の大野は、冷静だった。

まさしく殿は、場所をわきまえずに刃傷に及び、殿中を穢され、法式の先例もある。その上、下の者が上のご様子を探る罪は小さくない。とにかく、上意を待つよりほかはない。

——寔《まこと》ニ君尓者、場所不弁被及刃傷、殿中を穢し、御法式先例有、其上、下にて上を窺之罪不少、兎角上意を待而已無他、家中の暴発は何とか食い止められた。

領民たちも動いた。八月四日、安曇郡と筑摩郡の百姓惣代六名が連名で、水野家の家名相続を求める願書を寺社奉行の小出英貞《ふささだ》に提出したのである。町方からも同様の申し出があったようで、老中まで話は通ったが、それに対する反応は無かった。

八月五、六日、家老たちは協議の上、それぞれの部署に、立ち退きの下準備に取りかからせた。つまり、地方へは知行の勘定を、山方へは木を改めさせ、土蔵の帳面の確認をさせた。すると、家臣の中の「不忠不義者」が欲心を起こして不正な行為を働くので、下々までが上の者の指示に従わなくなり、統制が効かなくなったのである。江戸と同様に国元にも火事場泥棒が出たようだ。

家老たちは、やむなく、江戸より飛脚が来て、跡目相続の内意という吉報があった、と偽りを触れることで、ようやく家中は静けさを取り戻した。

忠友が背負った宿命

その後、親族でもある若年寄の水野忠定より実際に内意を伝えられ、卯之助（忠穀）

をすぐに江戸に連れて来るよう指示があった。そこで急遽、卯之助を元服させている（「土方本松本記」）。ちなみに、『寛政重修諸家譜』によると、この時すでに十九歳なので、元服には少し遅い。幕府への年齢の届け出に、操作があったのかもしれない。

卯之助は、八月二十三日に松本を出発し、同月二十八日に登城した。

卯之助には、信濃国佐久郡七〇〇〇石が与えられ、名を惣兵衛と改めることになった。なお、これ以降は混乱をさけるため、諱である「忠穀」で記していく。

忠穀は、退出する際、老中たちに対して、涙ながらに次のように述べた。


私にとりましては、大恩ある隼人正（忠恒）でございます。何卒、上様の御慈悲にて、永く私へ御預け下し置かれますれば、無上の喜びでございます。

——私身に取てハ、大恩有之隼人正、何卒上之御慈悲に永く私江御預ケ被下置候者、生々世々難有奉存候、

老中たちは、その言葉に非常に感心して、直ちに将軍吉宗の耳に入れ、忠穀の願いは聞き届けられた。この夜忠恒は、秋元喬房の屋敷から、忠穀のところに移されたのであ

る。忠恒は、忠穀の屋敷で、元文四年（一七三九）六月二十八日に、三十九歳で病死した。

忠穀は、元文元年正月二十八日に定火消、同年十月十五日に書院番頭、同四年三月十五日に大番頭に進んだが、寛保二年（一七四二）八月二十四日に、大坂城の在番中に死去した。まだ三十六歳だった。

大名から旗本へ転落した家康の生母の実家、名門水野家の復活は、忠穀の嫡男忠友に託されたのである。

まさにこれが、忠友が生まれながらに背負っていた、宿命であった。

第二章　名門水野家、復活す

すべては御伽役からはじまった

水野忠友は、享保十六年（一七三一）二月三日に誕生した。はじめて役職に就いたのは、九歳である。元文四年（一七三九）三月十八日に、将軍吉宗の世子家重の嫡男である、三歳の竹千代（のちの十代将軍家治）の御伽役として、側に仕えることになった。

この時は、一万石以下三〇〇〇石以上の家の惣領で、八歳から十歳までの者が選抜の対象だったので、九歳だった忠友は、候補者の一人になった。若年寄との面接があったようで、二月八日に水野忠定、同月二十日に小出英貞のところへ行っている（「御代々略記」）。

この時に忠友と共に御伽役に選ばれたのは、久世広明《ひろあきら》と関盛時《もりとき》であった。

久世広明は、忠友と同年の九歳。寛保三年（一七四三）七月九日には、久世暉之《てるゆき》の養子となり、御伽役を辞めている。その後は、奏者番、奏者番兼寺社奉行、大坂城代、京都所司代と進み、天明元年（一七八一）閏五月十一日に、西丸老中、同九月十八日に老中に就任した。そもそも老中が輩出する家柄ということもあるからか、順調に出世を重ね、忠友より先に老中に昇進した。「奥」に関わったのは御伽役の時のみであり、その後は、すべて「表向」の役職のコースを歩んでいる。

関盛時は、十歳。寛保元年七月二十六日に家督を相続した。同三年十一月十五日に小姓に就任するが、宝暦元年（一七五一）十二月十一日に退任している。その後、明和三年（一七六六）八月四日に、三十七歳で死去した。詳細は不明だが、奥勤めを続けたものの、特に出世することなく、若くして亡くなったようだ。ちなみに、盛時の父関永張《ながはる》の実父は大河内信久で、信久の父重綱は、酒井親炮の実子で大河内久綱の養子となった。「知恵伊豆」といわれ、三代将軍家光政権期に活躍した老中松平信綱は、この久綱の実子である。

この様に見ていくと、未来の将軍家治を支えるための側近集団が、この時に作られたわけではないことがわかる。将軍家に、そのような意図が無かったとは断言できないが、結果的には、名門の血筋という点が共通していただけで、その後は三者三様の未来が待っていたことになる。

　家治の側近といえば、忠友より十二歳年長の田沼意次の存在を忘れてはならない。しかし意次の場合は、享保十九年三月十三日、十六歳でのちに九代将軍となる家重の側近（西丸小姓）に取り立てられ、その信頼のもと、家治の側近となったという経緯であった。藤田覚氏は、「浚明院殿御実紀附録」の記述から、家重が、意次を家治にとって役に立つ人間と見込み、家治も親孝行だったため、父の教えに従ったのでは、と分析している（藤田覚『田沼意次』）。つまり忠友は、田沼とは、同じく家治の側近であっても、その在り方の意味合いが全く違うのである。この後詳しく述べるが、忠友のみが、家治が天明六年（一七八六）に死去するまで、純粋な意味で家治の唯一の「側近」であり続けた。そしてそれは、水野家の復活に大きな意味を持つことになる。

　さて、忠友の御伽役の仕事ぶりは、どのようなものだったのだろう。のちに忠友が、家臣に語ったところによると（「修徳院様御行状雑記」）、吉宗が、御庭などに出る際には、忠友に刀を持たせたという。家治に仕えるだけではなく、吉宗の側近くに居ることもあったようだ。九歳の少年にとって、吉宗の刀は非常に重く、肩に担いでやっと持っていたと伝えられている。

将軍吉宗と、少年忠友との触れ合い。何ともほほえましい。

忠勤三十年、念願を達成

忠友は、父忠穀の死にともない、寛保二年（一七四二）十一月五日に、十二歳で信濃国佐久郡七〇〇〇石の家督を相続する。同三年十一月十五日、大納言様（家治）付の西丸小姓に就任。小姓時代には、同役の者の中に、鳥目《ちょうもく》二、三〇〇文位の鍔等を買うように度々強く勧めて来る者がいて、不必要ではあったが、時にはどうしようもなく買い求めていた、などというエピソードが伝えられている（「修徳院様御行状雑記」）。詳細は不明だが、職場で押し売りのようなことをしている者がいることに驚きだ。やむを得ず時々買っていた忠友の姿には、水野家の復活のために、小さいことは我慢し、なるべく周囲と上手くやっていこうとしている様子が見て取れる。

その後、宝暦八年（一七五八）十月十五日に、小姓組番頭格西丸御用取次見習に就任した。その際、家臣たちに「外聞実儀、本望之至、難有次第ニ候」と述べており、最大限の表現で、喜びと感謝を表現した上、「兼而何れ茂精出相勤候故」と、以前から皆で頑張ってきたからだ、と家臣たちとその気持ちを分かち合っている（「御家中興記」）。

同十年四月一日には、西丸御側御用取次、同年五月十三日には、家治の十代将軍就任に向けて、本丸御側御用取次に就任した。

この時期は、公務日記である「水野忠友側日記」が現存しておらず、詳細な勤務の実態を知ることは難しいが、この出世の様子から、忠友が、次期将軍家治の側近職を着々と務めあげていたことが察せられる。

明和二年（一七六五）正月二十八日には、上総国夷隅《いすみ》郡と長柄《ながら》郡に、一〇〇〇石を与えられ、八〇〇〇石となった。

そして、同五年十一月十五日、病死した松平忠恒の跡役として若年寄に就任する。しかも勝手掛および奥勤めを兼務することを命じられている。ただし、勝手掛であるため、月番は免除されている。この時、上総国の分も三河国碧海郡の内に改めた上で六〇〇〇石を与えられたため（つまり五〇〇〇石の加増）、合せて一万三〇〇〇石。つまり、大名になったのである。翌年には、大浜（現、愛知県碧南市）に陣屋を構えている。

職務内容から見ても、老中の補佐役である若年寄に任命されたことは、大きな一歩であるが、それだけでなく、財政担当である勝手掛を任されたことと、これまで通り、奥勤めも継続しているのは、幅広い権力を得たことを意味する。

家督相続をしてから明和二年に加増されるまでの七〇〇〇石の頃は、非常に家臣が少なかったが、一万三〇〇〇石になった頃から、松本藩時代の家臣も帰参を命じられるようになるし、新規のお抱えの者も出てきたという（「修徳院様御行状雑記」）。大名になったことが、いかに大きな変化だったか、このような点からも見えてくる。

同五年十二月二十日には、若年寄就任について、家臣たちに直接申し渡している。その内容の一部を紹介したい（「御家中興記」）。

まず、若年寄に就任したことについて、「先祖江対、旁本望至極無此上茂儀、難有存候」、と述べている。先に挙げた、宝暦八年の小姓組番頭格西丸御用取次見習に就任した際には無かった「先祖江対」という文言や、「本望之至」だったのが、今回は「本望至極無此上茂儀」と、より表現が豊かになっている点にも、松本藩時代の七万石には届かなくとも、大名に復活できたことに対する思いが込められているようだ。

続いて、「御勝手方御用」にも命じられていることに触れ、より慎重な勤務を家臣たちに求めている。「殊更家筋ニ候得者、不束成風聞有之候而者、外々存寄《ぞんじより》も心外成事ニ候」と述べており、将軍家の「家筋」であることを強調し、自覚を促している。

家臣たちへの具体的な注意点は、以下の通り。

①普段の品行はもちろん、権高なふるまい（「権威かましき儀」）は少しも無いようにせよ。
②あらゆる人に対し、礼儀を尽くすことを第一とするように。
③外に出た際には、特に慎み、無遠慮なふるまいをせず、粗相のないように気を付けることが大切である。

そして、進物の授受についても述べている。以下、原文とともに紹介する。

「表向」の担当の者をはじめ、いずれも、勝手通りの面々から法を越えた進物などを決して受け取らないように厳しく守りなさい。万一、御威光を笠に着た権高なふるまいや、慎みのない様子が耳に入った際には、厳しい処置をする、と以前から申し付けているので、そのように心得なさい。

――表向江懸り候もの始メ、何連茂、勝手通面々ゟ法を越候音物等堅不致受納候様、急度可相守候、万一御威光を以権威かましき振舞有之故、又者不慎之儀、追而相聞候者、急度可申付候条、

兼而左様ニ可相心得候、

ここで登場した「勝手通りの面々」とは、大名屋敷の「大勝手」「中勝手」に出入りできる者を指す。これらの部屋に出入りして、幕閣の公用人と内々の話が出来るということは、出入りする者の家の意向を実現するための重要な手段を持っていることを意味する。なお、「大勝手」の方が「中勝手」よりも、より親密な交際をしている者が通される（福留真紀「田沼意次邸の『中御勝手通』」）。

翌年の明和六年六月二十七日には、親しい（「御勝手通之」）大名・旗本や訪問者より拝領物・到来物があった場合は、個人で処理せず、頭支配へ報告するよう指示を出している（「享保安永間記」）。若年寄に就任後、半年以上が経過し、やはり不届きな家臣が出てきて、具体策に踏み切ったのだろうか。そこのところは不明だが、無暗に賄賂を取る家臣が出てこないよう、細心の注意を払っていることが窺える。このような配慮は田沼意次には欠けていた点ともいわれるが、忠友は意次を他山の石としていたのかもしれない。

十代家治の側用人になる

忠友は、安永六年（一七七七）四月二十一日に、側用人に就任する。勝手掛はこれまで通り務め、従四位下となった。さらに七〇〇〇石を加増されて、二万石となり、駿河国沼津に築城を許可されている。なお二万石の内訳は、忠友が家督相続で受け継いだ信濃国佐久郡七〇〇〇石を沼津周辺に替え、今回加増分七〇〇〇石を合わせた一万四〇〇〇石が、沼津城附高で、三河国大浜六〇〇〇石を合わせたものである。

同年五月二十七日には、この就任について、家臣たちに直接申し渡しているが、そこで「先祖之家格江復し家ニ無之四品被仰付、重畳本望至極、難有仕合存候」と述べている（「御家中興記」）。ここでようやく先祖の家格に戻ることができたとし、初の従四位下の叙任に感激している様子が伝わってくる。そして、若年寄就任時と同様に、家臣たちに権力を笠に着る振る舞いのない様に自覚を促し、具体的な注意を与えている。

また、側用人の就任日には、「対客」についても取り決めている（「御家中興記」）。「対客」とは、日を決めて、大名や旗本に面会することである。そこで幕府への内願の相談などを受ける。若年寄時代にも行っているが、史料から詳しくわかるのは、側用人就任時であるので、ここで具体的に紹介してみたい。

まず、最初の対客日は、五月二十三日、二十五日、二十七日とし、家老、用人、取次には、染帷子・麻上下を着用するように定めた。以下、次のように詳細に取り決めている。

①表御門の番人には、対の羽織を着せること。小頭二人にも対の羽織を着用させ、世話役を務めさせること。もちろん下目付も罷り出ること。

②裏御門の辻番人には、対の羽織を着せること。追加の足軽を二人出すこと。但し裏御門も、表御門を開ける時刻に鍵を開けておき、御客様が御出で次第、御門を開け、中之口の玄関へ御通しする。これにより、小頭一人を表御門へ出し世話役をさせる。もちろん、使者または御家中の者は、明ケ六ツ時（午前六時）までは、一切通してはいけない。

③大勝手の御客様へ、香物を除いて一汁三菜の食事を差し上げること。御吸物御肴は一種。

④牧野遠江守様御父子様（康満・康陛《やすより》）・中根日向守様御父子様（正均《まさただ》・正寧《まさやす》）・水野勝五郎様（忠隣《ただちか》）・松平源八郎様御父子様（信交《のぶより》・その婿養子〈信志《のぶむね》〉）・牧野大隅守様（成《しげ》賢《かた》）・富田能登守様（明親）・阿部靫負《ゆきえ》様（正依）を接待する。来訪者も同様である。

⑤取次番衆は惣出のこと。
⑥医師三人は、申し合わせて二人ずつ罷り出ること。
⑦近習は惣出のこと。
⑧坊主は着服を改めて惣出のこと。
⑨八ツ時（午前二時）に準備完了とする。明ケ七ツ時（午前四時）から御逢いになること。
⑩町同心が遣わされた時には御粥を出し、吸物・酒・重詰め肴を準備して出すこと。
⑪御殿へ詰める者たちへ御粥を出すこと。
⑫御屋敷内外の掃除を申し付けること。
⑬御頼之御坊主衆と同心衆へは金二〇〇疋ずつ下されること。

かなり早い時間から準備をはじめ、総出の役職も多く、大々的な仕事であることがわかる。「大勝手」通りの御客には、一汁三菜の朝食が出るというのだから、至れり尽くせりだ。これには諸大名が忠友に幕府対策への相談を持ち掛けるという一方的な関係ではなく、お互いの家同士の交際自体も重要であることが、あらわれている。

④で具体的に名前が挙がっているのは、忠友の親族である。
牧野康満は、忠友の正室の兄。中根正均と水野忠隣の正室は、忠友の妹。加えて忠隣は、のちに忠友の跡を継ぐことになる忠成の養父。松平信交の婿養子は、忠友の弟忠福で、信志と改名している。町奉行の牧野成賢の弟成如《しげゆき》の正室は忠友の妹。そして、富田明親は、冒頭に出てきた牧野康満の弟で、阿部正依の正室は牧野康満の妹である。

前任の側用人は田沼意次であるが、意次が務めていたのは、安永元年正月十五日まで。つまり、五年強も側用人不在の期間があった。そのため、職務の確認をする必要があったようで、同七年二月二十日に、①勤務については、田沼意次が務めていた際と同様に行なうこと。②財政の案件については、小姓頭取・小納戸頭取・奥之番など、奥向の面々は、側衆ではなく、直接忠友に申し出ること。③忠友に不都合があった場合は、御側御用取次へ申し出るよう、指示されている（「水野忠友側日記」）。すなわち、忠友は「奥」の財政担当であり、忠友の就任前の側用人不在時には、御側御用取次が担当していたのである。

つまり、これまでの五年間は、側用人が居なくとも仕事は廻っていたわけで、わざわざ側用人を復活させたのは、あくまでも忠友のためであり、田沼と同じように老中まで引き上げることを念頭に置いた、布石なのではないだろうか。ひるがえって考えてみると、忠友の前の代まで、水野家から老中を出したことはなかった。つまり、於大の方に繋がる血縁ではあるが、幕府における役職で上まで上り詰める家柄ではなかったのである。この側用人昇進は、単なる出世ではなく、幼いころから家治の御伽役として仕え、八代将軍吉宗の身近にいて、忠友自身が培った将軍家との信頼関係が切り開いた、新たな道だったのではないだろうか。

話を元に戻そう。忠友は、側用人としてどのような仕事をしていたのだろうか。具体的に見てみよう（「水野忠友側日記」）。

安永七年三月二十五日に、水戸藩主徳川治保《はるもり》の御城附が、同朋衆の順阿弥を通じて、側用人あてに、以下のような内容の書付を提出してきた。

水戸家の財政が悪化しているため、今まで以上、厳しく倹約を申し付けることは勿論、公辺あるいは表向の格式に関わることについてでも、献上物を省略し、招請向のことまでもやめるようにと、この度お許しを頂いたので、略式のやり方について伺ったところ、当戌年（安永七年）から来たる卯年（天明三年）までの六年の間、献上物等を省略するよう仰せ出された。なおまた、その外のことまでも、くわしく御指図のこともあったので、御老中方をはじめ役人衆等へ、年中決まった品や端午・重陽・歳暮ともに、また先方の慶事等についての贈り物のことは、先年、紀伊殿へ献上物の省略を仰せ出された際、すべて贈り物を知らされていたようなので、この度、水戸家においても以上の範囲では、同様に心得ていると申し上げたところ、松平右近将監殿（武元《たけちか》・老中）より御承知との御返事であった。少し、別の御役柄ではあるが、このことをあなた様までお伝えするように、申し付けられました。

つまり、水戸家の財政が苦しくなっている件で、献上物などを倹約・簡易化することについて、職務外のことだが、老中の指示のもと、水戸家の御城附から報告を受けているのである。忠友が、側用人であるだけでなく、勝手掛を兼任しているために、このようになっていると考えられる。

天明元年（一七八一）六月二十六日には、幕府の御文庫からの本の貸し出しについて小納戸頭取らを指図し、取り仕切っている。

つまり、以前から尾張藩主徳川宗睦《むねちか》より御文庫にある写本の『群書治要』を拝借したいとの願い出があったのだという。尾張家用人沢井三左衛門から、忠友宅まで申し出があり、すぐに評議の上、将軍家治に報告した。そして二十六日の朝、沢井を忠友宅へ呼び、忠友が対面し、①写本の『群書治要』の御拝借の許可が出たので、書物奉行に申し出て受け取ること、②内々のことなので、御礼については忠友まで問い合わせることを、伝えている。また、小納戸頭取の岡部一徳《かづのり》を通じて、書物奉行の人見美至《のりゆき》に、尾張家から申し出があった時には、書物を渡すように指示を出している。

ちなみに、この『群書治要』は、中国の唐代初期の太宗の勅撰による、治世のための五十巻にわたる参考書である。元和二年（一六一六）に駿河版銅活字を用いて、徳川家康が出版している。

将軍の信頼の下、権力拡大

天明元年（一七八一）九月十八日。忠友は、五十一歳にして老中格となり、これまで通り側用人を兼ね、同月二十七日には、あらためて勝手掛にも任じられている。五〇〇〇石の加増を受け、締めて二万五〇〇〇石となった。

忠友以前に「老中格」に任命されたのは、田沼意次である。この就任は、忠友がこれまで以上に、大きな権力を握ったことを意味していた。具体的に見ていこう。

同年九月晦日、大目付に対して、忠友が勝手掛に任命されたことによる、事務手続きの変更について、四ヶ条にわたり、伝達されている（「水野忠友側日記」）。

①拝借や普請願い等について、勝手への諸願・諸伺については、これまで勝手掛老中へ差し出していた分は、今後は、出羽守（忠友）へ提出すること。
②人馬についての、御朱印や証文願いは、これまで勝手掛老中へ差し出していた分は、今後は、月番老中へ提出すること。
③証文や裏書など、これまで勝手掛老中の印形の分は、今後、出羽守の印形とすること。
④遠国よりの普請等の申し出、その外御入用筋のことについては、これまで老中連名だった分は、今後、出羽守宛とすること。

なお④については、同年十月十二日に、老中連名に忠友が名前を書き加える形となった。つまりは、①③は、勝手掛老中から忠友へ、②は勝手掛老中から月番老中へ、④については老中連名から忠友、その後十月の改訂により老中連名＋忠友というように変更されたのである。つまり、一部に「老中」でなければならない職務もあったが、勝手掛老中の仕事の多くが忠友に移行される形となり、忠友の権力が拡大したといえる。

天明二年の高田藩の幕府拝借金嘆願を分析した、松尾美恵子氏の研究によると、高田藩からの嘆願のほとんどが、忠友と当時老中であった田沼意次に向けて行われていたという。加えて、嘆願書を受け取る相手は、意次の用人の三浦庄司や、忠友の用人土方縫殿助《ぬいのすけ》で、三回目の嘆願については、三浦が指示していることなどから、彼ら公用人の権限についても注目している（松尾美恵子「幕府拝借金と越後高田藩政」）。これらのことからも先の大目付への指示内容が反映されており、この頃の水野の権勢の大きさが、よくわかる。

このような忠友の扱いに、当時の老中首座、松平康福《やすよし》の家臣が不満を持っていた（「本意なくも思いなん」）との噂話が、あったようだ（『耳袋』）。

つまりこれまでは、いずれも老中首座が勝手掛を務めていたのに、天明元年に、老中首座の松平輝高が亡くなった後、忠友が就任するとは、納得しがたいというわけだ。『耳袋』には、「事を好む者の作説や」とあり、『耳袋』の筆者は噂の信憑性に疑問を持っているようだが、少なくとも、異例の人事であったことは間違いない。

松平輝高が亡くなったのが、天明元年九月二十五日であることを考えると、忠友を同月十八日に老中格とし、同月二十七日に勝手掛に任命したのは、輝高の後任を意図してのことと考えられるだろう。しかしながら、いきなり老中では無理があるため、田沼意次の前例に従い、「老中格」としたのだと考えられる。ちなみに、この松平輝高の三男輝延を、忠友の婿の忠成が助けることになるのだが、それは第五章で……。

ついに老中兼側用人になる

天明五年（一七八五）一月二十九日。忠友は、老中に就任し、これまで通り勝手掛および側用人を兼ねることになる。五〇〇〇石加増され、締めて三万石となった。

いよいよ、老中となり、側用人も継続しつつ、かつ勝手掛となったわけで、「表」「奥」のトップを兼ねた上、幕府財政も握ったということになる。ここで忠友が、どのように自らの手にある権力について考えていたのか、具体的にはわからないが、その後の寛政期に、老中、将軍の補佐まで務めた松平定信は、次のような見解を示している（『宇下人言』）。

定信は、寛政四年（一七九二）八月九日に、将軍補佐と、勝手掛・奥兼帯の辞任を申し出ているが、その際に、引退したい理由を次のように述べていた。

「奥兼帯」というものは昔はなく、最近できたものである。権力が帰する仲立ちなので、今後、老中格の者は、仰せ付けられても、本役（老中）に成れば、奥は兼ねないようにとの御定も申し上げた。「御勝手かゝり」も、一人で「金穀之柄」を握ることであり、恐れ多いので、これもまた期限を定めて命じることなどを申し上げたところ、（将軍家斉は）それは皆その通りに、とおっしゃった。

――奥兼帯てふものむかしはなかりしが、近き比より出来にけり。権の帰し侍る媒なれば、已後老中格の者は被仰付とも本役に成りたらば、奥はかね侍らざる様にと之御定も申上たり。御勝手かゝりも、一人にて金穀之柄をにぎり侍る事、恐多き事なれば、これまた年期を定め被仰付候事など御定申上たりければ、これは皆その通にと被仰出し也。

老中になった時点で、奥の兼任は解くこと。勝手掛は、期限を定めること。定信は、自らの経験から、権力があまりに大きすぎるので、一人に集中させるのは問題がある、と指摘している。とはいっても、この時定信は、将軍の補佐役も勝手掛も辞めることをゆるされず、同年十月三日に、奥兼帯のみを解かれ、「感泣」に及んでいる。しかしその実態は、奥の御錠口へも行き、老女（大奥の御年寄）とも対談するようにとのことで、大奥関係の職務は免除されておらず、その後も「奥兼帯同様に」大奥へ出て将軍の子女にお目見えを仰せ付けられたという。

これらの定信の記述から、「奥兼帯」の仕事の一部が垣間見えたところで、忠友の職務の様子に戻ろう。次のようなエピソードがある（「よしの冊子　一」〈天明七年〉）。

天明七年九月二十日。書院番士永井元平《もとひろ》が徒頭に任じられ、思いがけず一〇〇〇石高の席となり、感激したという。そこで、勝手通りの方へ、全く挨拶しないのもいかがかと思ったので、金三〇〇疋と干鯛箱を主人へ、二〇〇疋は、公用人へ送った。老中の阿部正倫《まさとも》、水野忠友、御側御用取次の加納久周《ひさのり》、古田備中（不明）よりは、主人・家来共に返却された。もっとも、干鯛箱だけは受納された。若年寄の酒井忠香《ただか》、井伊直朗《なおあきら》よりは、礼もなかった。同じく若年寄の松平忠福《ただよし》からは、翌日礼があったそうだ。

この「よしの冊子」は、松平定信が、家臣である近習番の水野為長に集めさせた江戸市中や江戸城の噂話をまとめたものである。

「勝手通り」については、「忠勤三十年、念願を達成」の節で登場した。この場合永井が、どの程度、老中らの「勝手」に出入りして猟官運動をしたかは不明だが、この書きぶりから、多少は働きかけていたのだろう。幕府の高官とその公用人に御礼に回っているようだ。水野は金銭を受け取らなかったと記されており、若年寄就任当初からの考え方が、貫かれているようだ。ただ、他の老中らも受納していないことから、全体的に受け取らない方針だったのかもしれない。

忠友の、自らを律する振る舞いは、外出時にも見ることができる（「修徳院様御行状雑記」）。

忠友は、江戸市中を通行する際に、行列等を取りまとめ、他の通行人の妨げにならないようにし、随行する家臣たちもみな質素にするよう命じたという。また、国元では通行の際に、百姓の耕作の手を止めないように、とも命じていた。老中だからといって、家臣ともども、尊大にならぬよう配慮している様子が読み取れる。

本節の最後に、家政面についても触れておこう。三万石となったことにより、家法は松本藩七万石時代の形に戻したが、最初は七〇〇〇石の旗本だったことで、旧事の多くは廃止となった。加えて、旧臣も追々退散したり、死亡したりしていて、旧事に戻すことが難しいことが多く、多分に新規のものとなった。これにより、国元の農民支配についての多くは、幕府の法令に従ったという。また、七万石時代の法と、新法との時節の違いによる損益にも配慮したとか。この忠友の藩政の手腕について、「修徳院様御行状雑記」の筆者は、「誠ニ中興之御方様也」と賞賛している。

また、このころになると家臣も増えてきたが、松本藩時代の帰参の家臣よりも新規の者の方が多かったという。旧臣は、地方の業務に優れていた者に限られ、祐筆や茶道など芸事の担当の家臣については、新規取立の者のみだったことが原因であったようである。

なお、忠友は、幕府の職務についてはどのようなことでも自分で務めるが、家政については人を選んだ上で、そのすべてを委任するというやり方を取っており、それは名君と謳われた斉の桓公が、優秀な家臣の管仲に仕事を託していたかのようだと、賞賛されたという。

第三章　水野忠友、その出世と苦悩

田沼家との華やかな交際

これまで見てきた忠友の出世は、田沼時代のことである。本章では、忠友と田沼家の関わりを中心に見ていきたい。

世の中が、利益追求や華美を極めた田沼時代。意次と忠友はどのように交わり、幕臣として勤めていたのか。二人の役職の重なりを見てみると、次頁の年表のようになる。

これを見ると、忠友は、十二歳年上の意次の後を追うように出世を重ね、最後には、老中を共に務めるまでになっている。

その華やかな交際の様子がうかがえる記事がある。なお本章では、特に断りのない限り引用史料はすべて「修徳院様御行状雑記」である。

田沼意次／水野忠友関連年表（『寛政重修諸家譜』により作成）

年	月日	◇田沼意次 / ■水野忠友（括弧内は年齢）
享保4(1719)	—	◇誕生(1)
16(1731)	2/3	■誕生(1)
19(1734)	3/13	◇西丸小姓〈家重付〉(16)
元文4(1739)	3/18	■竹千代〈家治〉の御伽役(9)
寛保3(1743)	11/15	■西丸〈家治付〉小姓(13)
延享2(1745)	9/1	◇本丸小姓(27)
4(1747)	9/15	◇小姓組番頭格御用取次見習(29)
寛延1(1748)	閏10/1	◇小姓組番頭・奥兼帯(30)
宝暦1(1751)	7/18	◇御側御用取次(33)
8(1758)	9/3	◇評定所の式日に出席を命じられる(40)
	10/15	■小姓組番頭格西丸御用取次見習(28)
10(1760)	4/1	■西丸御側御用取次(30)
	5/13	■本丸御側御用取次(30)
明和4(1767)	7/1	◇側用人(49)
5(1768)	11/15	■若年寄・勝手掛・奥兼帯(38)
6(1769)	8/18	◇老中格・側用人兼務(51)
安永1(1772)	1/15	◇老中〈側用人兼務〉(54)
3(1774)	7/27	忠友次女八重姫と意次4男金弥の婚約許可
6(1777)	4/21	■側用人・勝手掛(47)
	12/7	八重姫と金弥〈忠徳〉の婚姻
天明1(1781)	9/18	■老中格・側用人兼務(51)
	9/27	■勝手掛(51)
5(1785)	1/29	■老中・勝手掛・奥兼帯(55)
6(1786)	8/27	◇老中を免職となる(68)
7(1787)	12/4	■勝手掛を免ぜられる。奥向御用は継続(57)
8(1788)	3/28	■老中を免ぜられ、雁之間詰となる(58)
	7/24	◇死去(70)
寛政8(1796)	11/29	■西丸老中〈家慶付〉(66)

ある年、蠣売町の主殿頭《とのものかみ》様（田沼意次）の御屋敷へ御招きにあずかり、お出かけになった時、御馳走の後に女中等も出て、歌三味線等も披露された。主殿頭様も踊られたそうだ。殿様（水野忠友）にも御嗜の芸を、満座の方々より求められたので、やむを得ず扇子を取り仕舞を舞われたようである。人々は非常に感じ入ったとのこと。

意次が、歌三味線で踊ったということは、長唄だろう。それに対して忠友は、仕舞。新興大名と名門譜代という両者の出自の違いを象徴しているようで面白い。

忠友は能を趣味としていたようである。流派は観世で、日吉徳右衛門を時々招いて稽古をしていた。また夜食の際、少々酒を嗜みながら謡曲を謡うこともあった。加えて、小鼓も習っていたという。大奥で開催された能の会では、道成寺のシテを披露したこともあった。その時は、事前の稽古から会が終わるまでに、三〇〇両も掛ったというから大変な出費だ。その莫大な支出から、本番当日の華やかさが、推測される。

また自らも御能の会を毎月二回開催し、親類など意次をはじめとする見物客を招いた。そのたびに、能役者を始めとする百人以上の支度や、酒等にお金がかかったという。

「修徳院様御行状雑記」の筆者曰く「繁花の世の中也」。

能だけではなかった。忠友の辰口屋敷の御庭に、谷風・小野川等の力士を呼び、相撲を取らせたことが三度あったという。この時は、力士のために準備した風呂桶もひときわ大きく、饅頭も直径四寸（約十二センチ）、羊羹も長さ五寸、口取りざかなの伊勢海老は丸ごと一つをそのまま使い、蒲鉾は四寸幅だったなどとの話もあった。もちろん三度とも意次をはじめとするお客を招いたとのこと。「花やかなる世の中也」。

第二章では、控えめ、実直な職務の様子がうかがえたが、ここでは、華やかな時代の雰囲気の中で、人的ネットワークを作る忠友の姿が見える。

ここまで忠友は、プロローグで登場した絵画をはじめとし、仕舞・謡曲・小鼓などを嗜んでいたことがわかるが、ほかにも甲州流の軍学を、吉田雪翁に学んでいた。

安永六年（一七七七）十一月六日に、沼津に城の建設が許された際、最初にその縄張り（区画）を頼んだのは、この雪翁だった。「沼津略記」安永七年十月十八日条によると、同年九月二十六日に、月番老中松平武元に絵図面を提出している。この絵図面は、浅野綱長の家臣吉田雪翁へ頼んだもので、松本藩時代に水野家の家来筋だったことから依頼したと記されている。しかしその後、急に縄張りを変更し、担当者が意次の家臣須藤次郎兵衛となり、同九年四月六日に再提出している。このことについては、忠友と意次との親しさの根拠とされる場合もあるが（『沼津市史　通史編　近世』）、その一方で、須藤が担当したことにより、以前より城の面積が縮小されたとも言われており（沼津郷土史研究談話会編『沼津史談』第九号）、はっきりした事情はよくわからない。しかし、忠友の意向もあって大規模な建築となったため、自身で「すぐに完成するわけもないので、一代で完成するにはおよばず、後の代でよい」と述べていたという。建築には様々な困難があったことが察せられる。

また、水野家の財政がだんだん思わしくなくなった時に、意次の家臣堀越久米右衛門を指導に招いた、との事例もあり、城の縄張りの一件と共に、田沼家が水野家の家政にも関与していたという、一方ならぬ親密さがうかがえる。

ただし、水野家の財政が傾きつつあったのは、いつからかは記載がない。しかし次のような事例から、ある推測ができるかもしれない。

天明七年（一七八七）三月七日に、老中に昇進した阿部正倫は、一年もしないうちに職を離れた。その理由について、金子《きんす》一万両も賄賂を使って老中に昇進したが、松平定信が老中首座となり風儀も改まったために、その分を取り戻すこともできなくなり、老中でも末席で活躍できないのだから、やめた方が良い、と家中の者に遠まわしに諫められたからだ、との噂が流れたという（「よしの冊子　二」）。

つまり、実際阿部がその通りの行動をしていたかはともかく、当時、定信が老中首座になる前の田沼時代では、老中への昇進には賄賂が有効で、老中になれば賄賂を取る側になりその分が取り戻せる、と考えられていたのである。もちろん、昇進に賄賂が必要だったのは、老中職に限らない。忠友の家の財政の傾きが、彼自身の昇進運動によるものだったとすれば、賄賂の届け先の一つであったであろう田沼家から、財政立て直しを指導する家臣が派遣されるのは、皮肉なことである。しかも、田沼に自らの家の財政状況が把握されてしまうのだ。これが現実だった場合、水野家にとって非常に居心地の悪いことであり、田沼家が苦境に手を差し伸べてくれた良い話として片付けることはできなくなるだろう。

しかし、どちらにせよ、両家が親密だったのは、間違いない。

縁組と離縁の裏側

このような親しさの背景にあったのは、両家の縁組であろう。忠友には、登勢姫・八重姫という二人の娘しかいなかった。明和七年（一七七〇）閏六月二十五日には、長女の登勢姫と青山幸完《よしさだ》との縁組が許可されている。この時点で、水野家の跡は、次女の婿ということになったのだろう。そこに迎えられたのが、意次の実子だった。

安永三年（一七七四）七月二十七日に、忠友の次女八重姫と意次の四男金弥（のち忠徳）の婿養子縁組の許可が出る。この日から金弥は「若殿様」と称せられたという（「御家中興記」）。同六年十二月七日に、二人は結婚した。八重姫二十二歳、忠徳は十九歳であった。

しかしこの結婚は、約十年の歳月を経て破綻を迎える。

天明六年（一七八六）九月四日、忠徳はお忍びの供連れで実家に帰った。その夜御用部屋に詰め切りで、離縁の相談が行われた。翌五日、「双方御熟談之上」、忠徳の離縁について、御先鉄砲頭の土方勝芳《かつよし》を通して、月番老中の松平康福へ書類を提出し許可が出されている。

六日の松平康福の公務日記（首都大学東京図書館所蔵）には、離縁の理由について、「心底ニ不応ニ付」と書かれている。「水野家の気質に合わなかった」というところだろうか。八重姫三十一歳、忠徳二十八歳の時のことである。

水野家家臣は、この離縁をどう見ていたのだろうか。

まず忠徳の人物像については、書画も見事で、武芸も怠らず、能のシテも器用にこなしたという。

そこで思い出すのが、忠友の趣味のこと。これまでに、忠友も書画や能に造詣が深かったことを紹介してきたが、武芸も同様であった。剣術は心形刀流で、師範は伊庭八郎次。鎗は深美三郎太夫、弓は幸田順庵を師範としている。馬については、若年から好んでいて非常に優れており、高山喜六がお相手を務めていたという。

このように見ていくと、婿と舅の趣味が一致。とても気が合いそうだが……。それにもかかわらず離縁となった理由が二つ挙げられている。

①意次を後ろ盾にして、時に孝行の心が少ないことがあった（「主殿頭様を御後ロ楯ニシテ、殊ニ寄御孝心少き事も有之」）。
②十年近く経っても子供が無かった。

対する忠友には、非常に孝行の心が篤かったとのエピソードが伝わっている。若いころ小鳥を飼っていたが、ある時、母親が生き物を飼うことは無益の楽しみだと言っているのを聞き、飼っていた鳥をすべて放し、それ以後飼うことはなかったという。そんな忠友だからこそ孝心の薄い忠徳に我慢がならなかった、とか……。

「御家中興記」天明六年九月五日条には、忠徳の日々の振る舞いについて「おそれながら道徳や常識からはずれた行いが多かった（「乍恐御失行多ク」）」とし、具体例が書き連ねてある。

①付き従うという気持ちが薄く（「御随従之御心薄ク」）、毎日のように神田橋様（田沼意次）のところだけに行き、日を送っている。夜更けあるいは翌朝までも、遊興に耽っている。

②部屋住であり殿様でないにもかかわらず、妾等を置き、別間を「御休息」と名付けて憚らず、御孝道に背いている。

③諸家の御内願の事を取り次ぎ、直に神田橋様へ伝えるため、それが成就する場合も多いことから、若殿様（忠徳）の玄関前には諸家の家来をはじめ、それ以下の身分の使者等が多く集まり、数えきれない。

④以上の様なことから、驕り高ぶる気持ちも日々増長し、美服・美食・趣味の品々（「翫弄之器」）について、適切な支出の十倍も費やした。

毎日実家に帰り遊興にうつつを抜かし、殿様然とした態度で妾を置き、贅沢三昧。そして特に問題なのは、忠友をないがしろにする③の行為ではないだろうか。忠徳の婿入りの許可が出た際には、水野忠友は若年寄であり、その後、側用人、老中格をへて老中まで進んでいく。③は、いわゆる前章で見た「対客」の行為である。いつ頃から、忠徳がこの様なことを行っていたかはわからないが、初期からだとすると、側用人である当主の忠友よりも、直接老中である田沼につながるという有力な中央へのルートが、忠徳によって水野家につくられていたことになる。完全に岳父忠友の面目を潰しているわけだ。つまり忠徳は、水野家の跡継ぎではなく、あくまでも田沼家の人間として自らを位置付けていた。実父のおかげで岳父は出世できたのだと、尊大に振る舞っていたのだろうか。

このような様子だと、夫婦仲も悪かったであろう。先に述べたように、約十年の結婚生活で、二人は子どもに恵まれなかった。しかし、八重姫は再婚後、『寛政重修諸家譜』

で確認できる範囲でも、男子二人、女子三人を出産。忠徳にも再婚後、熊五郎（意留《おきとめ》）が出生している。よって、二人はやはり不仲だったと思われる。

もちろんこの史料は、あくまでも水野家家臣の手によるものであるから、完全に鵜呑みにするわけにもいかないだろう。しかしながら、ここまでひどい話でなかったとしても、忠徳が、実父意次の力を背景に、忠友にあまり親しまず、跡継ぎもできなかったということだけでも、孝行を重んじ、家の存続を何よりも考える近世人の感覚では、離縁の理由として充分成立するだろう。

しかし、最も肝心なところは次の点ではなかったか。

殿様と同列の田沼主殿頭様（意次）が御加判の列を御免となり、五万七〇〇〇石高の内、四万七〇〇〇石を召し上げられ、相良は廃城に仰せ付けられた。しかし、こちらには主殿頭様の御次男《（ママ）》金弥様（忠徳）を、先年、婿養子に迎えていた。この度主殿頭様の不首尾のため拠所なく、金弥様を離縁とした。

天明六年八月二十七日、意次は老中を免職となった。そのための離縁だったという。

申し渡したのは、月番老中の忠友で、八月二十二日から病欠していた意次に対し、病気のため願い通りの御役御免、という内容であった。依願退職だったのである。

免職の理由は何だったのか、藤田覚氏の研究をもとに整理してみたい（藤田覚『田沼意次』）。藤田氏は、直接の理由は将軍家治の死という説が妥当だとする。公式発表で家治は、九月八日に死去したことになっているが、実際は八月二十五日だったといわれており（森山孝盛「自家年譜」）、意次が推薦した医師の処方が死期を早めたため、責任を取らされたのだという（横山則孝「家斉の将軍就任と一橋治済《はるさだ》」）。

ただ、それはあくまでも表向きで、藤田氏は以下の点を指摘する。

①家治が、意次に嫌疑を掛けているので辞職すべき、と勧告する者がおり、それに従った（田沼意次「上奏文」）。

②田沼政権期の重要政策（全国御用金令、大和金峰山の開発、下総印旛沼干拓工事）が中止になり、政治責任を問われた。

加えて意次の免職と同日に、姻戚でもある御用取次稲葉正明《まさあきら》が罷免となり三〇〇〇石

の没収と謹慎が命じられたことも、関連付けて考えるべきだという。そして、①について、

「推測の域を出ないのだが、意次に老中辞職を勧めたのは、水野忠友ではなかったか」

「行詰った政局を打開するとともに、意次を切り捨て、意次を追い落としてトップの地位を手に入れようとした水野忠友の策謀、とも考えられる。そうではないとしても、水野は意次を見限り、あるいは裏切り、泥舟になったと判断して意次と縁を切り、身に累が及ぶのをいち早く断ち切った、ということであろう」（藤田、前掲書）

と述べている。忠友黒幕説、といったところだろうか。

私は、藤田氏の見解は、意次側からの分析だからこその見方だと考えている。忠友側から見ている本書の視点からだと、「裏切り」とまで言うのは少し激しすぎ、との印象を受ける。

確かに、田沼家との縁切りは、変わり身が早い、と言えなくもない。しかし、そうせざるを得なかったのではないか。水野家は、家康の生母の実家で七万石の大名家が、忠恒（六代松本藩主）のために旗本に陥落したことで、忠友は水野家を「名門大名家」に復活させなければならないという宿命を背負っていたのである。

田沼家・水野家の縁組は、田沼家にとっては、新興大名の箔付けと、政治の中枢を掌握し、権力基盤を盤石にするための人脈作りであり、一方の水野家には、御家再興の手段であった。新興大名田沼家との縁組は、家康の生母の実家である水野家にとって、屈折した思いを抱かせる関係でもある。その中で忠友は、あくまでも田沼家との関係を、御家再興のためと割り切り、利用し尽くそうとしていたのではないか。

忠友が、家治から家斉への将軍代替りの際に、注意しなければならなかったのは、老中であると同時に「家治の側近」であった点。側近は、主君の死とともに政治世界を去るのが常道。しかし、水野家の復活の点からみると、それは避けなければいけない事態である。しかも、批判の的となっている田沼家との繋がりを持ち続けていると、輪を掛けて危ないのだ。

忠友の生涯は、忠友による水野家の家格復活の歩み、そのものである。田沼家との離縁は、「名門大名家」としての復活の成功を、自分の代だけで終わらせないための政治的判断だったと解釈すべきであり、「意次を追い落としてトップの地位を手に入れようとした」わけではない。

意次の長男意知《おきとも》に娘を嫁がせていた老中松平康福も九月七日に田沼家との「通路」

（贈答のやり取りをする関係のこと）を絶つことを届け出て、田沼家と絶縁したり、奥医師の千賀道隆が意次の側室が妹にあたることから「義絶」をするなど、意次との縁切りの事例はほかにもあるが、忠友の場合は、彼らよりもはるかに切実だったのである。

意次とは違う老中罷免

田沼の失脚にともない、田沼派の幕臣が次々と処分されていった。具体的には、先の稲葉正明（天明六年〈一七八六〉八月二十七日罷免）。そして、天明六年閏十月五日に意次が二万石の没収と大坂蔵屋敷・神田橋の上屋敷の返上、謹慎処分を受けた際には、腹心といわれた勘定奉行の松本秀持《ひでもち》が罷免され、二五〇石の没収と小普請入を命じられた。

その中で、忠友はそのままの位置でいたため、「殿様だけが勢い盛んでいらっしゃったことは、みな天命に叶っていたためである（「殿様而已御勢ひ御盛んニ被為入候者、皆天命ニ被為叶候故也」）」などと記されている。

この田沼との違いの背景について、高木傭太郎氏は、「御代々略記」や「水野忠友側日記」から、忠友の職務内容が、勝手掛のほかに、西丸修復、上野御霊奥再建、日光御社参見分供奉、有徳院（吉宗）三十三回忌法会惣奉行などの将軍権威に関わる仕事や、将軍と御三家との間の使者などの仕事を多くしていることなどを指摘し、田沼のような紀州藩の陪臣からの出世組とは異なる、水野家の位置と役割があったからと分析している（高木傭太郎「尾張藩と水野氏」）。

しかし、天明七年六月十九日、松平定信が老中に就任し、権力の中枢に位置するようになったことにより、忠友にもその職を去る日がやってきた。

同八年三月二十八日、忠友は老中を免ぜられ、雁之間詰となる。ただ、意次らとは異なり、罰則の意味での罷免ではなく、今後も登城して、羽目之間で将軍に御機嫌伺いをし、五節句や月次の御礼の際には、西湖之間の広縁で拝謁するように申し渡されている。

忠友が、このことを雁之間へ披露しに行った所、長島藩主の増山《ましやま》正賢が、舌を出して笑ったという（「公徳弁」）。

へっ。ざまあ見ろ。――というところだろうか。

ただし、それは場の総意ではなく、多くの者が増山に憤り、中でも奏者番の秋元永朝《つねとも》は大いに怒った様子だった。この永朝は、享保の松之廊下刃傷事件の際、水野忠恒を預かった秋元喬房の三代あとの秋元家の当主である。水野家の復活を、近しい気持ちで見守っていたのかもしれない。その時忠友は、にっこりと笑ったため、せせら笑った増山の方が笑い者となり、忠友の度量の広さに人々が感心したという。しかもその話を伝え聞いた松平定信が、「やむを得ない罷免である。類まれな役人で、惜しいことである（「無拠の御免なり、無類の御役人に而惜しき事なり」）」と語っていたとのこと。この時、忠友五十八歳。

話は少し横道に逸れるが、一つ指摘しておきたい。この増山正賢とは、文人の木村蒹葭《けんか》堂《どう》や大田南畝とも交流のあった、当代一流の文人大名とうたわれた増山雪斎だということを。博物学的にも優れた作品とされる昆虫の写生『虫豸帖《ちゅうちじょう》』（東京国立博物館所蔵）は、平成二十五年（二〇一三）に東京都指定有形文化財になっている。また、写生に用いた虫の死

『虫豸帖』（東京国立博物館所蔵）

骸を葬った虫塚も上野寛永寺に現存している。

「よしの冊子　一」（天明七年）には、増山が最近の御時世を嫌い、出勤せずに引っ込んで何やら楽しんでいる、とあり、「同　十五」の寛政三年一月の記事には、とにかく家政がいいかげんで、当主本人も放蕩者であるため、用人が様々意見したが、聞き入れられることが無かったので、その用人は隠居してしまった、とのエピソードまで記されている。大名の常識など何のその、自由気ままな人物であったことが察せられる。

なお、その後増山は、文人として悠々自適の生活を送りたかったからなのか、享和元年（一八〇一）には四十八歳の若さで嫡男の正寧に家督を譲っている。

忠友とは対照的だが、増山家は、三代将軍家光の側室で四代家綱の生母お楽の方の弟正利の家であり、初代家康の生母の実家とスケールは違うとはいえ、将軍生母の親族という共通する部分もあった。増山にしてみれば、忠友の生き方は、複雑な思いを抱かせるものであったのかもしれない。

ただの粗忽な一大名が、権力者の失脚をせせら笑ったわけではない。当時、幕政のトップに居た忠友と、一流の文人大名増山雪斎。全く違う生き方を選んだ二人の大名の視線が交錯した瞬間だった、と考えると面白い。

忠友ふたたび

忠友は、老中職を解かれた後、初めて領地である沼津に入り、藩政に取り組んだが、全く中央政治との関係を無くしたわけではなかった。

江戸城での日々の仕事上の書類については、諸大名は書記役の者に作成させていたが、忠友は自らやっていた。よって書き物が多い時は、夜八ツ七ツ時まで（午前二時から四時ごろ）掛るようなこともあったが、終わらないうちは、決して寝なかったという。しかもその書類は、吉宗政権期からのことを、順番にすべて詳しく記録しているので、老中の松平定信や松平信明《のぶあきら》をはじめとする幕閣が、わからないことを忠友に問い合わせると、すべて詳らかになったため信用を得ていたというのである。

このことについては、定信政権側の史料にも同様な記述がある。「よしの冊子　十三」（百九　自戌〈寛政二年［一七九〇］〉七月十二日）に、次のように記されている。原文と共に紹介したい。

水野出羽守殿（忠友）が、西丸御老中を仰せ付けられそうだという噂がある。出羽殿が、西下（松平定信）へ登城前にいらした際に、二、三度長話をされ、（定信が）財政のことについてお聞きになったところ、出羽殿は、何もかもすべてお答えになり、自分が務めていた時には心得違いがあり、賄賂を取っていたことまで話された。西下は正直で緻密な人だと御思いになり、家柄も素晴らしいので、西丸御老中に仰せ付けられるそうだ。そのために、屋敷も取り上げず御暇も出さないという噂がある。

——水野出羽守殿、西丸御老中被仰付そふナとさた仕候由。出羽殿西下へ登城前ニ被出候節、両三度御長咄御坐候て、御勝手向之事を御聞被成候處、出羽殿何もかも不残被申上、自分被勤候節心得違ひ、賄賂取候事迄被申上候ニ付、西下ニて正直ナ細かナ人だと被思召付、家柄と申傍西丸御老中可被仰付由。夫故屋敷も上り不申、御暇も御差留也とさた仕候由。

幕府財政についての定信の質問によどみなく答える忠友の姿は、先の水野家家臣の史料の、新政権にも頼りにされ、評価をされていた記述にも通じる。八代将軍吉宗の政治を目標としていたと言われる定信にとって、忠友はその時代を知る人物としても、重要視していたと考えられる。忠友は定信に、賄賂を取っていたことについての反省の弁を口にしているようで、誠実な人柄を印象付けたようである。

忠友については、家臣に対して命じたことや家臣が伺いを立てたことについては、前例がある場合は、なるべくそれを基準とし、機転の類いや新規の対応は好まなかったと伝えられている。ともに働いた意次のやり方は、まさに機転や新規のことばかりではなかったか。片や吉宗政治を目標としていた定信。こちらの方が、名門出身同士、気が合ったのかもしれない。

ただ、この寛政二年の段階では、噂はあくまでも噂であった。しかし、寛政八年十一月二十九日、忠友は西丸老中に就任し、それは現実となる。次期将軍となる若き家慶に仕えることになったわけで、その信頼のほどがうかがえる。先に述べたような手腕が認められていたからこそ、長いブランクがあっても、政治の表舞台に戻ることができたのだろう。忠友、六十六歳であった。

せつなさの人、忠友

六十六歳での幕政への復帰。本章の最後に、その健康の秘訣を忠友から教わってみよう。

まずは、健康状態から。

一生歯が丈夫で堅い物も召し上がり、耳も近く、眼鏡を使わなくとも大体のことは不自由がなかった。足の運びも老化のご様子は見えなかった。これというのも慎ましくされており、一生御妾等も置かず、暴飲暴食もなさらなかったためである。

欲望に自制がきく優等生、というところだろうか。

目については、天井の蜘蛛の巣をすぐに見つけるほどだったとも伝えられている。現代の健康の秘訣と言えば、適度な運動と適切な食事、ということになろうが、まずは忠友の運動について見ていこう。

田沼家との離縁のところでも紹介したが、忠友は、若き日から老年に至るまで、常に馬・刀・鎗などの稽古を怠ることはなかった。中でも一日も欠かさなかったのが、巻藁弓だったとか。藁を巻いて束ね、弓の的に用いるものであり、書類仕事で夜の七ツ時(午前四時)になっても、その後行ったという。馬は特に好きで、馬具の修理から馬の飼い方まで念を入れて申し付けていた。ほかに、蹴鞠も月に三度ずつ青野伝佐・松井喜左衛門等に習っていた。

しかし、これらに散財していたわけではない。使用した弓の弦は、丁寧に箱に貯めていて、弓師に下げ渡している。四百懸《か》けもあったとか。また忠友は、「御手元払」と名付け、趣味のものは御手元金の中から支払っていたという。

ほかにも健康のために、暇な時に手箒での庭掃除や、草取りをしていたというからほほえましい。

続いて、食事。

好物は魚。鰹やめじか、鰯、いなだまで食べたという。蕎麦切も好んでいたとか。酒は、夜食の際に日々少し飲み、謡をうなり、ストレス発散。酒は菊水という一升が五匁ほどのもの、味噌は、四方《よも》の赤味噌と小石川味噌を好み、米は粒選りだが、他の大名家ほど贅沢ではなかった。

煙草は舞留《まいとめ》（有名な銘柄）の強いものを吸っていたという。こちらは、あまり健康的ではないような……。

また、伝通院の先代の住職から聞いた、箱根仙人の健康法を取り入れ、若いころから梅干を毎朝食べ、三里の灸を据えていたという。鍼は打たなかったとか。

このような生活を続け、一年の内四、五日ほど痰が出ることがあるくらいだったとい い、頭痛や癪気《しやつき》も持病というほどのものはなかったとのこと。そのため六十年余りのお勤めの中で、本当の意味での病欠は無く、休んだのは、忌中か麻疹などで十日くらいのものであった。

そのような忠友にも、最期の日が訪れる。享和二年(一八〇二)七月二十九日、忠友は、痰気・足痛・腫気の症状が出て病に伏す。御役御免を申し出たが、家斉に慰留されている。そして九月十九日、七十二歳の生涯を閉じた。亡くなる前日、御成があり、家斉が忠友の屋敷の前を通った時、忠友は病を押して袴に着替え、床の上に平伏したという。

第三章の終わりでは、忠友の一生を総括してみたい。まずは、「修徳院様御行状雑記」に描かれた、家臣の見た忠友の一生から。

御徳義が天命に叶い、かつ、あらゆる養生なども心掛けられ、御大名様とは申しながら、古稀の年を越された。禍はなく、御福のみという理由は、お子様は女子二人だけだが、御長女は青山大膳亮様(青山幸完)へ嫁がれ、もうおひとりは、家督を継がれて、お孫さまも大勢となった。そのほか、御勤めの様子は、九歳の時より始めて、有徳院様御代（吉宗政権期）から御当代まで四代を経て、始終首尾よく、ますます盛んであった。その時の老中である右近将監様（松平武元）・主殿頭様（田沼意次）・越中守様（松平定信）・伊豆守様（松平信明）等まで、殿様をなくてはならない存在として、信頼されていた。そのため、次第に昇進され、七〇〇〇石から三万石にまでなり、御城主・御老中・侍従になり、二本道具を立てるまでにもなられた。飛ぶ鳥を落とす勢いで、天下の役職を極め、結構な御道具類は、公儀より拝領の品ばかりにて、莫大なことであった。物事も憂う事なく、重い役儀も首尾よく御勤めになり、古稀の年を越された事は、御賢徳のためである。

めでたし、めでたし。

まるで、昔話の締めの一言を、最後に書き記したくなるような、いかにも水野家家臣が書いた、絶妙な忠友のサクセスストーリーである。

しかし、私は忠友の名門ゆえの「せつなさ」のようなものにも思いを馳せてみたいのだ。彼の人物像を際立たせるのに一役買ったのは、田沼意次と増山正賢の姿だった。宴会の席で、歌三味線の長唄で踊った意次に促されて、忠友は、仕舞を舞った。長唄と謡曲。それは二人の生まれ育ちを象徴する「うた」だったのである。忠友だけでなく意次も、忠友の仕舞を観ながら、それをしみじみと感じていたのではなかったか。

忠友が老中を解任された時、舌を出して笑った増山「雪斎」。文芸の才能にあふれ、その世界に身を投じた雪斎にとって、御家再興に邁進し成功を収めたものの、意次失脚のあおりを受けた忠友の姿は、愚かに見えていたのかもしれない。しかし、それは名門ゆえのことである。四代将軍家綱の生母ゆかりの増山家の「正賢」にとっては、複雑な思いもあっただろう。一方の忠友も、「雪斎」に羨ましさを感じていたかもしれない。趣味も多彩な忠友のことである。「雪斎」のように生きられたら、と思った瞬間もあっただろう。すべては、名門に生まれ、その復活を託された忠友の宿命による「せつなさ」である。――少し、妄想を膨らませ過ぎたようだ。

最後は、忠友の語りで締めたい。晩年、忠友は家臣に次のようなことを語っていた（「公徳弁」）。

幼かった頃、吉宗は忠友を見て「彼の家は重い血筋である。最後には大名になる身である（「彼が家は重き筋なり、彼れも始終は大名になる身なり」）」と言っていたという。忠友は、その御考えを有り難く思い、大切に御奉公に励んでいたら、その通り、それもただの大名ではなく老中にまでなれた。それは、吉宗の御蔭であると、代々毎月御拝礼をするよう述べていた。

また吉宗は、大番頭として、大坂城で在番していた忠友の父忠穀について、江戸に帰った際には、御側御用取次に任命するとの考えもあったので、大坂で亡くなったことを、残念に思っていたとか。吉宗には、自らが将軍である内に、水野家を大名に戻す御考えがあったと思われ、水野家中では、残念がる者も多かったという。

忠友の御家再興の気持ちを支え続けたのは、幼き日に側に仕えた、吉宗の言葉だったのである。

第四章　悪徳政治家としての忠成

意次の再来か？

田沼の息子を離縁した後、新しい養子に決まったのが、水野家の末家である旗本水野忠隣の養子忠成、二十五歳である。忠成は、奏者番、奏者番兼寺社奉行、若年寄、西丸側用人、老中格などを経て、最終的には文政元年（一八一八）八月二日に、五十七歳で西丸側用人を兼任のまま老中（勝手掛）に就任することになる。

第四章と第五章の主役は、この忠成である。まず本章では、忠成のイメージや後世の史料に描かれた姿、いわば「離れたところから見た忠成像」を、第五章では家臣たちの見た忠成、つまり「近くから見た忠成」について検討し、それらを併せて分析することにより、忠成の実像に迫ってみたい。まず本章では、忠成の史実ではなく、あくまでもイメージに注目し、同じようなエピソードがある場合は、水野家の家臣たちの手による

「公徳弁」「藩秘録」で検証しながら見ていきたい。

『想古録』に、忠成の権力の大きさについての記述がでてくる。この史料は、「東京日日新聞」明治二十五年（一八九二）十一月一日より同三十一年五月二十九日に断続的に掲載された、天保時代前後の著名な人物の逸聞集で、筆者は安中藩に仕えた儒学者山田三川（一八〇四〜一八六二）といわれ、三川と交友のあった儒学者たちの語った内容が記されている。

ある年、阿波国で巨大な扶桑木を掘り出した際、これで三脚の机を造り、天皇と将軍に献じ、残りの一つを忠成に贈ったという（「四四八、水野羽州の勢力」藤田東湖）。また、上野宮（上野の寛永寺貫主）に、不忍池の蓮を、西丸と御台所に贈るという家例（しきたり）があったが、忠成には特例として毎年贈ったとか（「九六五、沼津閣老の勢力、将軍に同じ」添川完平）。

ほかにも、忠成は「賄賂門庭に満ちて、金銭府庫に溢れ」るような状況で、身につけるものはすべて洒落ていて、佩刀も毎日取り換え引替えて登城していたとも（「一一三二、大久保忠真、人に媚びず」岡本豊洲）。忠成の権力の大きさを端的に示すエピソードだ。

プロローグでも紹介した「水の出て　もとの田沼と　なりにける」のイメージそのも

のだろう。そして、「奢侈（田沼意次）→倹約（松平定信）→奢侈（水野忠成）」との見方から、忠成の政治は意次の再来と見られていたようだ。

それを証拠付けるようなエピソードを紹介しよう。田沼意次と水野忠成。二人はどこが似ていて、どこが違っていたのだろうか（「九九八、田沼侯の収賄法」藤森弘庵・安井息軒）。まずは、意次の場合。意次は、老中の勢力をたのみとして、専横、私欲をほしいままにした。しかし、賄賂の取り方に「一種の淡泊なる奇行」があって、その性質の非凡なことをあらわしていたという。

当時意次は、諸役人の人事を一手に握っていたため、旗本たちは競って賄賂を送り、役職や昇級を内願した。甲が一五〇両を持って行けば、まずは預かると言って受け取り、その後、乙が二〇〇両持参して、甲と同じ役を内願すれば、これもまた預かると言って受け取った。その後、先に持ってきた甲をすぐに田沼邸に呼び寄せて、「先ほど御依頼があった何々の役目は、本日何某なる者が二〇〇両持参し、是非とも御頼み申すとのことだったので、不本意ながら御手前の分は、お返し申さねば成らぬ次第となった」と述べて、預かっていた金を甲に返却した。このようなやり方を内規で決めていたので、その夜、丙が三〇〇両を贈れば、乙の二〇〇両は返却し、甲が再び四〇〇両を持って行けば、丙の三〇〇両は返却して甲のために尽力した。

甲に対して乙の賄賂の金額を伝えているし、それを聞いて、甲が再びその後から来た人より高い金額を持参すれば、力になってくれる、というやり方なので、止まることなく賄賂の値が吊り上がっていくわけだ。最後は財力がある者が出世の糸口を摑めるだけのような気がするのだが……。しかし、『想古録』の語り手は次のように言う。

結局一人から取るだけで、他の無効の分はすべて返却するので、田沼侯に限って贈賄者の怨みを買うことはなかった。

何やら、評価のポイントが違う感じもするが……。現代のわれわれの感覚を持ち込んでしまうと、違和感が出て来るが、これはあくまでも求職活動に金銭が必要だった田沼時代のお話。それも、意次が持って来るように働きかけたのではなく、持ち込まれるようなシステムなのだから、金銭の授受は慣行と捉えなければならない。そのような時代の中で、ある意味スマートな金銭の受け取り方をした意次は、評価される対象だったのかもしれない。

ひるがえって、忠成はどうか。意次と同様に「近代の収賄家」だが、その取り方は意次とは「雲泥の差」があったという。

甲から五〇両を贈られればこれを受け取り、乙より八〇両を持ち込まれれば、それも受け取ると言うように、ただ取り込むだけで一文半銭をも返さなかった。忠成の方法は「横着の随一」とのこと。

一応、ギブ&テイクの関係になっていた意次とは異なり、忠成は、受け取るばかりである。忠成は、意次以上に悪いイメージの収賄家だったようだ。

「今柳沢」と呼ばれて

そして忠成には、もう一人、イメージを重ねられた人物がいた。五代将軍徳川綱吉の側近で、「柳沢騒動」などの文芸作品の影響で、「悪徳政治家」像が出来上がっていた柳沢吉保である。吉保との対比については、水野家の家臣が書いた「公徳弁」にも記されている。

忠成は、本所中之郷大川端に屋敷を拝領し、文政八年（一八二五）二月九日に家斉が「御通り抜（略式の御成）」をしたという。その際、家斉は脇息と九年母、白浜石を気に入り、持ち帰った。家斉の方からは、桑のたばこ盆と四木蒔絵の重箱入りの御菓子が贈られた。屋敷には特に意匠もなく、側の者へ、御茶屋敷の水屋にて、剣菱《けんびし》一樽と鮃ぬた、銅のちろりが準備され、五郎八茶碗が飾られた。見るところと言えば庭園のみで、家斉は御茶を召し上がって帰ったという。しかし、世の中には、女性による接待があったなどという悪評が広まったのである。水野家家臣曰く、「殿さまでさえ、ちょっとお目見えしただけで、御帰りの際に、門内で平伏したばかりなのに、なぜそのような話になるのか」と。そして……。

「隅田川　柳をうつす　水の面」などという句も作られ、「今柳沢也」と言う人も多かった。これらのことを、殿に申し上げたところ、お笑いになっただけで、御立腹などはなかった。兎角、世間での殿の悪評を言上すれば、機嫌がよく、評判の良いことなどを言上すれば機嫌が悪かった。また、他人の悪事を申す者は御意に叶わず、善事をお話しするとお喜びになった。しかし、御側近くに勤めていない者は、殿のお考えを知らず、世間の悪評を真実と心得る者も多かった。

女性による接待。まさに、柳沢吉保邸を五代将軍綱吉が訪問した際に立った噂話そのものである（福留真紀『将軍側近　柳沢吉保』）。吉保と同じことを忠成もやっていると言われたのだ。そして、「今柳沢」と世間で言われていることは、忠成本人の耳に入ったが、意に介していなかったという。なかなか豪快な性格のようだ。

さて、家斉の眺めた実際の庭の様子は、どのようなものだったのだろうか（「藩秘録」）。忠成は山水を好んだといわれ、御三家・御三卿をはじめそのほかの将軍家一門から国持大名までが、めずらしい木や石を贈った。忠成は、将軍に報告の上、受け取ったので、庭園の意匠は予想外の素晴らしさとなった。おそらくはこの石を家斉は持ち帰ったのであろう。一方、忠成自ら造営させたあずま屋は、松や杉、樅で建てられたものにすぎなかった。

それにもかかわらず世の中の噂では、将軍のお通り抜けもあったことだから、さぞ金や装飾品をちりばめられたものだろう、とのことだった。しかし、後に見た者は、木石の奇観に驚き、あずま屋の粗末な様子に、また驚いたという。

このエピソードは、忠成が質素倹約に努めていたという文脈で語られているのだが、はたしてそうだろうか。実は家斉は庭園好きで、例えば尾張藩の下屋敷戸山荘には、複数回訪れている。それを考え合わせると、忠成の庭の整備には、家斉の好みに合わせた、したたかな計算が働いていたのかもしれない。

ちなみにこの忠成の庭は、その後も歴史に大きな足跡を残している。明治維新後、秋田藩主佐竹義尭《よしたか》が、下谷三味線堀の上屋敷を上地し、その代りに、この沼津藩水野家の本所の屋敷を購入して住まいとしたのである。この「佐竹の庭」は、庭石や石灯籠が有名だった。つまり、それらは忠成の時代のものだったのである。佐竹は、新たに園内に大鳥神社を建て、毎月酉の日に小祭を催して、一般公開したという。明治の庭園史家小沢圭次郎によると、晴天の日に

佐竹の庭、本所（国際日本文化研究センター所蔵）

は、来観者が詰めかけて、東京中に名高かったとか。

また、東京大学のお雇外国人ジョサイア・コンドルの『日本の風景造園術』にも、写真が掲載されており、外国人が日本土産として買った日本の風景・風俗の写真帳にも、よく「佐竹の庭」があることから、外国にも知られる庭となったのだ。明治十年、二十年代に東京で日本庭園といえば、「佐竹の庭」、つまり忠成の庭だったのである（白幡洋三郎『大名庭園』）。

話を元に戻そう。この悪い噂は放っておく忠成の姿勢は、次の事例からも見られる（「公徳弁」）。

文政十年三月十八日に、家斉が太政大臣になった際、弘前藩主津軽信順が、轅《ながえ》に乗って登城し、逼塞処分となった。その際、忠成が賄賂を取って轅の使用を許可したのが原因であるとか、公用人の山田翁助という者が切腹した、などという噂が流れた。それを聞いた忠成は、笑ったという。賄賂を取ったのなら、逼塞を申し付けないようなやり方がある。確かに、最初に内意は聞いたが、禁令があったので許可しなかったのに、津軽家がそれに反したために、自分が調べた上で罪に問うたのだ、と。そして、次のように言った。

そのような手ぬかりをしては、老中は勤まるものではないが、これも自分の不徳の致すところで、悪いとも思わないし、放っておけば、今に評判は消えるものだ。

——其様な手抜けに而は、老中は勤り兼るなれども、是も自分の徳より起る事故に、悪くとも不思、捨置ば今に評判は消る

変な噂が出るのは不徳の致すところ。時がたてば消えていくのだから、放っておけ……。批判にさらされやすい権力者は、このくらいの覚悟がないと、やっていけないということだろうか。

話は、家臣の評価に移る。忠成曰く、世間での悪評を率直に報告する家臣は、真実を述べるもので、評判の良いことばかり伝えて来る家臣は、お世辞と追従ばかりで、信用できないとのこと。このエピソードは、忠成が追従を好まず、誠実な家臣を評価したことをあらわしている。しかし、最後の部分は気になるところだ。側近くに勤めていない者は、悪評を信じたものが多かった、ということは、水野家の家臣の中にも、そのように考えたものが居たのだろうか。

『想古録』の中にも、吉保と忠成を比較した記事がみられるが、「公徳弁」とはだいぶ趣が異なる（「一〇一五、柳沢保山果して英主なる乎」古賀穀堂）。

文政～天保の儒学の学風は、明和～天明時代と比べて著しく衰退し、厳しく評すれば、廉恥がすっかりすたれてしまったといっても無理もないほどで、忠成の勢力が盛んなのを見て、これに仕えることを望む儒学者は、一人もいないだろう、という。それに対して、元禄～享保の頃はというと……。

優れた人物が輩出し、その儒学の学風が高尚であることは、明和～天明の時代の数倍ほどだとか。荻生徂徠を始めとし、鴻儒碩学と称せられた者が、いずれも柳沢侯に仕えたいと、その下に立つことを誉れとしたことは、理解できないが事実である。思うに柳沢侯は非凡なる英主で、英雄の心を収攬する器量がある人ではないだろうか。

今度は、吉保は「非凡なる英主」と持ち上げられており、忠成は、吉保になぞらえるのではなく、吉保と違ってヒドイ政治家、ということになっている。

ただ、その根拠は意外に薄弱で、忠成に仕えたい儒学者は一人もいないことに対して、吉保には、よくはわからないが、優秀な儒学者が多数慕っていた。だから、きっと吉保はスゴイ人なのだろう、ということ。学者の理屈の割には、安直、感情的で面白い。

儒学者に評判の悪い忠成。次のようなエピソードもある（「一一二五、聖堂雨漏るべし、感応寺起さざる可らず」小田切要助）。

いかに道理を語っても、水野忠成の政治ほど不道理なものはない。

語り手は最初からお怒りだ。

なぜかというと、聖堂の修繕費が八〇〇両もしないのに、これを願い出ても聞き届けられず、対して感応寺建立の新築費は一八万両の大金を要するのに、何の異議もなくこれを支出した、というのだ。

緩急冗要の区別を知らずに、ひたすら大奥老女等の鼻息を窺っている。時事を知るべきである。

感応寺は日蓮宗の寺で、元禄時代に邪義に固執したとして、上野の寛永寺にお預けとなっていた。日蓮宗に帰依していた将軍家斉の側室お美代の方が、感応寺を幕府の祈禱所とすることを願い、天保五年（一八三四）五月に、雑司ヶ谷鼠山の安藤対馬守下屋敷が日蓮宗に下賜されて、感応寺の再建が決まったのである。このような事情から、「大奥老女等の鼻息を窺っている」との言葉が出て来たのだ。儒学の何たるかがわかっていないとは怪しからん。語り手の鼻息は荒い。

ちなみにこの寺は、天保七年に開山後、美僧を集め、大奥女中たちの接待をした。女中たちは代参の時だけでは我慢できず、寄進と偽り、生き人形に化け、長持の中に潜んで出かけたことが発覚し、スキャンダルとなった。当事者の女中は処分されたが、将軍家の息のかかった寺のため、寺は守られた。つぶされることになるのは、家斉の死後、老中水野忠邦の手によってである（山本博文『江戸の雑記帖』）。なお、このエピソードの語り手の小田切要助は、忠邦の用人である。

儒学に理解のない忠成に、容赦ない儒学者たち。忠成の悪徳政治家像の一部は、儒学者たちが作り出していたようだ。

子沢山将軍、家斉狂騒曲

忠成が活躍した時代の十一代将軍家斉は、妻妾十数人との間に、五十人以上の子供をもうけ、徳川幕府歴代将軍ナンバーワンの子福者であった。その大奥での生活は、柳亭種彦が『偐紫田舎源氏』に風刺したほど注目された。将軍家を存続するために跡継ぎを得ることは、将軍にとって最重要使命であったが、ここまで多いと良いことばかりではない。跡継ぎ以外の子女は、然るべき大名家に養子や正室として入ることになる。それには、将軍家側も迎える大名家側も多くの費用を必要とした。また、各家の事情から、それぞれの狂騒曲が展開することになる。その渦中にいて、子女の行き先を手配するのが、「奥兼帯」であった忠成の仕事であり、諸大名家の直接の窓口となったのが、家老の土方縫殿助であった。

ここからは、その忠成の仕事から、この時代、幕藩関係、忠成とその家老土方縫殿助へのイメージを見ていくことにしたい。

まず、将軍家子女の諸大名家との縁組は、大名家側には、どのように見られていたのだろうか。姫君の嫁入りの例から見てみたい。正室に迎えるといってもあくまで将軍家の姫君なわけで、「御守殿様《ごしゅでん》」と呼ばれ、当然同等な大名家から正室を迎えるのとは異なり、屋敷を新たに建設するなど、莫大な費用がかかった。具体的には、加賀藩が家斉の三十六子溶姫を迎える際に建てた御守殿門である、東京大学本郷キャンパスの赤門などは、イメージしやすいだろう。

将軍家と縁組できるという名誉とそれに関わるうま味、持参金代わりの幕府からの拝借金と、藩庫からの多大な出費。それらを天秤にかけた時、将軍家との縁組が、迷惑となった大名も多かった。

例えば、米沢藩上杉家の事例が『想古録』にある（「六二〇、上杉侯、御守殿を辞して十八万金を抛つ」伊藤達）。なかなか切実さがにじみ出ている文章なので、一部を原文のまま引用する。

「前年上杉家へ御守殿を賜はらんとの内意ありければ、米沢の国老等は心痛し、此事たる上杉家の興廃存亡に関はることなれば、是非とも辞退拒絶せざる可らずとて、一人の国老を江戸邸に馳上らせ、急に其運動を執らしめたり、江戸邸の老臣等は首《こうべ》を聚《あつ》めて密議を凝《こら》しけるに、斯る事件は土方縫之助（縫殿助）に哀訴するが捷径《ちかみち》なりとの評議に一決しければ…（後略）…」

姫君の降嫁の話を聞いて、国家老たちは「心痛」。「上杉家の興廃存亡」に関わるため、「是非とも辞退拒絶」しなければ……。このような場合は、水野家の家老土方縫殿助に「哀訴」するのが近道である、と。

いろいろと気の毒になってくる……。上杉家では、人の紹介を得て、縫殿助の私宅を訪ねたが、用があると面会してもらえなかった。そこでやり方を変えて、尾張家に頼り、尾張邸に縫殿助を呼び寄せてもらったが、やはり用があるとして、来なかったのである。上杉家はこうなったら、尾張家家老の成瀬隼人正に頼るしかないと、「御守殿を賜ると、上杉家は到底立ちゆきません」と訴えたので、気の毒に思った成瀬は権門家の間を奔走して、降嫁は中止となった。

ただ、それだけでは終わらなかったのである。上杉家は上野（寛永寺）の普請を命じられ、一八万両の巨財を工事に費やすことになり、後には三〇〇両の融通にも事を欠くほどの貧困に陥ったという。しかし、国家老たちは、背に腹は代えられずと諦め、特に不平は言わなかったということだ。なんだか切ない。

同様の例は、土佐藩山内家にもあった（「六五五、御守殿変じて火消と為り、少将と為る」赤井東海）。

山内家の若殿豊熙《とよてる》へ、幕府より姫君を降嫁させるとの内意があった。山内家は吃驚《びっくり》仰天し、その夜直ちに島津家に懇請して、斉興の娘を貰い受ける相談を取り付け、幕府には、先約があると申し立てて断ったという。

山内家の行動は忠成の怒りをかった。その後毎年、芝や上野の火消を命じられたため、多くの出費に耐えられなくなったのである。そこでひそかに縫殿助に賄賂を持っていき（「黄金光りを放て」）その状態から脱却したとか。縫殿助の権力たるや相当なものである。

そして山内家の場合も、これでは終わらなかった。縫殿助から、当主の豊資に対し、少将への昇進を勧められたのである。山内家の官職はそれまでは代々侍従なので、一見、家格のアップを勧められた喜ばしい話である。しかし『想古録』には、天保三年（一八三二）の冬、「拠《よんどこ》ろなく」四位の少将となった、とある。このために、また多くの出費を必要としたのである。家格の上昇は、大名としては栄誉であるから断りづらい。しかし、莫大な費用が掛かる……。そこを突いた、縫殿助による巧妙な嫌がらせとの解釈だ。

もちろん『想古録』という史料の性質上、これら二藩の細部の事実関係まで正確とは言えない。しかし、注目すべきは、これらの事例が世間にどう見えていたか、である。この記事の最後には次のように記されている。

「御守殿下賜のことは早く其弊習を矯正せざれば、覇府は之に頼て信を天下に失ふに至るべし」

将軍家の姫君を下賜することを「悪いしきたり（「弊習」）」とまで言い切り、これを直さなければ、幕府は天下の信頼を失うとまで述べているのである。

ここまで見てきたように、将軍家の縁戚になることは、多大な出費や子女の受け入れの賛否などで、大名家内の混乱に繋がった。また、縁組を受け入れたことによる家格の変更は、これまでの大名社会の秩序を崩し、大名間の対立を招き、幕府への不満を呼び起こした。

過ぎたるは猶及ばざるが如し。将軍家の子沢山という慶事は、多数の問題をも生んでしまったのである。その点を、『想古録』の語り手たちは指摘しているようだ。

婚姻を逆手に取った酒井雅楽頭家

もちろん、将軍家の子女を受け入れて、その見返りを幕府から受け取った大名家もある。文化十四年(一八一七)九月に、二十一子の浅姫と嫡男松平斉承《なりつぐ》の縁組が成立した福井藩は、翌年の文政元年(一八一八)五月に二万石加増されている。また、文化十四年九月に三十八子の銀之助(斉民)を跡継ぎに受け入れた津山藩は、同年十月の五万石の加増で一〇万石となり、江戸城内の詰め所も大広間から大廊下となった(『文恭院殿御実紀』)。

そのような中で、将軍家との縁組を、家格の復活のためうまく利用した姫路藩主酒井雅楽頭《うたのかみ》家を例に、具体的に見ていきたい。

文政五年六月二十一日、雅楽頭家の次期当主忠学《ただのり》と家斉の第四十五子喜代姫の婚儀が許された。それを受けて、八月に、雅楽頭家は御目見後の席を旧格に戻したいと内願し、忠学の御目見席は、月次は黒書院溜、五節句は白書院鷰之御杉戸外溜で、お通り掛け御目見えが認められた。その後、十月二十日には、忠学に対して、乗物・日覆先箱跡箱等の使用が許されている(『酒井家史料』百二)。

酒井雅楽頭家は徳川将軍家の「三州(三河)以来の御家老職」として、名門譜代の家柄であった。それを象徴するのが、忠清のころまで、嫡男が部屋住から「晴儀」の奏者を務め、老中の上に座席を置かれたことである。「晴儀」とは、将軍家一門をはじめとする侍従以上の諸大名が、将軍に謁見する際の披露役である。ほかに、「御年男」といわれる、江戸城における祝儀の際の諸役を務めた。

しかし、それが途切れることとなる。原因は、延宝八年（一六八〇）十二月にはじまった、五代将軍徳川綱吉による「越後騒動」再審であった。そもそも「越後騒動」とは、越後国高田藩（家康の次男秀康の嫡流）の当主光長（秀康の孫）の跡目相続をめぐる御家騒動で、四代家綱政権で一旦結論が出されていたが、その後も混乱が続いた。そこで、綱吉の再審となり、前将軍の判断を素直に受け入れなかった高田藩の態度を、将軍権威を傷つけるものとして重く見た綱吉は、延宝九年六月二十一日に高田藩を改易処分とした。その際、家綱政権期の審理を担当した、大老酒井忠清・老中久世広之らの対応も問題とした。だが忠清・広之ともに死去していたため、嫡子の酒井忠挙《ただたか》・久世重之が逼塞を命じられたのである。その後、忠清・忠挙父子の座に取って代わったのが、堀田正俊・正仲父子であった。十二月十一日には、堀田正俊が大老となり、嫡男正仲と共に、それまでの雅楽頭家の役儀を継承したのである（福留真紀『名門譜代大名・酒井忠挙の奮闘』）。

その後、忠挙は努力を重ね、幕府の中枢の役職には就任できなかったものの、少将まで進んだ。老中に就任する当主は、忠挙の五代後に当たる、姫路藩に転封してからの初代藩主忠恭《ただずみ》である。しかし、忠清の時代の家格が取り戻せたわけではなかった。そこで、雅楽頭家は姫君との婚姻が認められたことをチャンスに家格の復活を図ったのである。

ここでのキーパーソンは、姫路藩の家老河合隼之助（道臣・寸翁）である。忠成に、「雅楽頭（酒井忠実）は毒にも薬にもならない人物だが、家来に河合隼之助と言う家老がいる。兎角家来はよい人物を持ちたいものである」と言わせ、それを聞いた水野家家臣に「御当家（沼津水野家）の土方（縫殿助）程の家来も又居ないと思われる」と感想を述べさせた人物の行動から、この顚末を見ていこう（「公徳弁」）。

酒井忠学と喜代姫の御縁組が許可されてから、忠実からの内願書が、箱に入れ固く封じて提出された。そこには、最初の家格、供立、駕まですべて列挙した上で、次のようなことが記載されていた。

①御咎を蒙った時（忠清）から一旦御許しとなり（忠挙）、それ以来「先格の通り」と仰せ付けられたが、私家の罪科を鑑み、後世の子孫が遺失なく御奉公仕るようにと

考え、やはり御咎中の姿のままにしておくべきと記録し、受け継いできた。そしてこれまで、御奉公についてごく小さな失敗もないように大切にお仕えしてきた。

②今度、養子の忠学へ御縁組が許され、誠にもって本当に忝なく、先祖も草葉の蔭にて有り難く存じている。

③現在の供立等は御咎の姿なので、このままだと、罪科の姿で忠学は御縁辺になるため、かえって御公儀に対し失礼なことである。すべて以前の通りに立ち帰り、家を再興していただきたい。恐れながら、それが東照宮様（徳川家康）への忠義と考える。

忠成は、それについて一々感心し、次のように述べた。

この程度のことは、誰でも書くものだが、「私まではこの姿であっても、与四郎（忠学）よりは立ち帰りたい」と願うのは、中々雅楽頭（忠実）の考えではできないことである。くれぐれも家来は大切なものであるぞ。

——此位なる事はたれも認むるなれども、私迄は此姿と而与四郎よりは立帰度と願ふは、中々雅

楽頭の了簡には出ぬ事なり、呉々も家来は大切なるものぞ

忠成は、雅楽頭家完全復活をめざし、粉骨砕身する隼之助の姿に、自らを重ねて見ていたのかもしれない。

実は、現在の雅楽頭家当主である忠実については、「勤兼ぬべき噂」があるような人物で、忠成が「家柄」なので就任させないわけにはいかない、と溜詰次席とし、文政四年十二月十五日に、ようやく溜詰とした人物であった。つまり、あまり出来の良くない当主であっても、優秀な家老がいれば大名家はうまく運営できる、というわけだ。忠成の隼之助への評価は高い。

後に願いの通り、忠学から家格・供立が、以前の通りに仰せ付けられた、とあり、これが本節の冒頭に紹介した文政五年十月二十日には、忠学に対して、乗物・日覆先箱跡箱等の使用が許されたことに該当する。

将軍の姫君との縁組による家格復活の動きについて見てきたが、そもそも隼之助はこの縁組成立自体にも功績があったようで、文政五年七月十八日には、一五〇〇石の加増を受けている。

この縁談が成立するまで、雅楽頭家はどのような運動を行ったのだろうか。一つの興味深い事実が指摘されている。それは、現在、東京国立博物館に所蔵されている、江戸琳派の画家酒井抱一の代表作「夏秋草図屏風」をめぐる話である（岡野智子「東京国立博物館保管酒井抱一筆『夏秋草図屏風』の成立とその背景」）。尾形光琳の「風神雷神図屏風」の裏絵として描かれた、銀箔地が印象的な作品だ。昭和四十五年（一九七〇）の大阪万博の記念切手の図柄にも採用されているので、思い浮かぶ読者の方も多いだろう。

この絵の制作の事情について、平成三年（一九九一）に発見された「夏秋草図屏風」の下絵（出光美術館所蔵）の裏に添付されている貼紙から、絵の注文主が「一橋一位殿」で、絵が贈られた時期が「文政四年十一月九日」であることがわかるのだ。

この時期の「一橋一位殿」とは、一橋治済。つまり時の

『夏秋草図屏風』（東京国立博物館所蔵）

将軍家斉の父である。そして、酒井抱一は、雅楽頭家十代当主忠以《ただざね》の弟である。また「文政四年十一月九日」の前後には、一橋家と雅楽頭家の双方に重要な出来事があった。

文政三年正月　　　一橋治済、古稀を迎える。
　　　四月二十一日　治済、従一位に叙せられる。
　五年三月一日　　将軍家斉、従一位に叙せられる。
　　六月二十一日　酒井雅楽頭家の次期当主忠学と家斉の第四十五子喜代姫の婚儀が許される。

これらの状況を鑑みると、絵の制作の背景に、治済の従一位の御祝、あるいは忠学と喜代姫との婚約の下準備などがあったと考えられるのである。「夏秋草図屏風」は、雅楽頭家が将軍家への結びつきを強め、以前の家格を取り戻すための政治的道具となったのかもしれない。

ちなみに、一橋家と雅楽頭家の屋敷は隣同士だった。それにまつわる話が「甲子夜話」巻四十九にある。雅楽頭家の隣の屋敷で祝儀の能が上演された時のこと。中入で、舞台の中央に一人の男が立っているのを屋敷の主人が発見。家臣に捕まえるように命じたが、家臣たちには姿が見えず、取り逃がした。その屋敷から隣家の雅楽頭家に、その男が来たら捕えるよう伝えられたが、雅楽頭家に現れることはなかった。そして舞台の上には、「鼠小僧御能拝見」という紙の小札が残されていた。この「雅楽頭家の隣の屋敷」が、次郎吉の自白書にある一橋家であったのではないかというのである（氏家幹人『古文書に見る江戸犯罪考』）。このころは、あの鼠小僧次郎吉が跋扈した時代でもあった。

また雅楽頭家も、前田家と同様に、喜代姫を迎える際に赤い御守殿門を建設しているが、明治時代初期に移築され、現在では東京メトロ南北線・東大前駅からほど近い、文京区向丘の浄土真宗本願寺派の西教寺の表門としてたたずんでいる。つまり、「東京大学の赤門」のほど近くに、別の赤門が存在しているのだ。昭和五十五年（一九八〇）には、文京区有形文化財に指定されている。

さて、話を姫路藩の家老河合隼之助の活躍に戻そう。隼

酒井家赤門（現・西教寺表門）

之助には肖像画が現存している。

これは、平成二十八年（二〇一六）九月から翌年二月にかけて、サントリー美術館、姫路市立美術館、細見美術館を巡回した「鈴木其一　江戸琳派の旗手」展でも、公開された作品で、作者は、酒井抱一の弟子鈴木其一である。箱書によると、天保八年（一八三七）六月に描かれており、隼之助はすでに隠居の身の七十一歳であった。この肖像画の興味深い所は、絵の中で着用している烏帽子と直垂《ひたたれ》が現存していることである。直垂は濃い藍色。これは「かちん染」と呼ばれ、それまで絶えていたものを隼之助が復元させたのだという。また、忠学と喜代姫の縁組が決まった文政五年を契機に、藩で東山焼の陶器所を設置して管理下に置き、藩士橋秋蔵を京都の尾形周平の所に修業に出し、レベルアップを図った。国産の贈答品の準備のためだったようだ（山本和人「姫路のやきもの　東山焼試論」）。ほかに、現在も代表的な姫路土産の一つ「玉椿」は、この慶事のために、隼之助が城下の菓子屋に作らせたものと言われ

河合寸翁（姫路市立城郭研究室所蔵）

る。

実は、この姫路藩の家老河合隼之助と水野家家老土方縫殿助は、水野家家臣が書いた「公徳弁」だから並び称されていたわけではなく、世間的にも当時から評判の家老たちだったらしい。平戸藩主松浦静山は、「甲子夜話続篇」巻七十三の中で、次のように述べている。

河合隼之助は姫路の家老で、久しく世間で有名である。かつて私の家臣の長村が生きていた頃は、沼津侯の家老土方縫殿助も持て囃されていた時期で、世の人は「三助」と称していたと聞く。祐因（縫殿助の隠居名）は、私が青年の頃から互いに知る機会があったけれど、隼之助はよく知らないので、機会があれば会ってみたいと思っていた。

世間でも「三助」と称される評判の家老たちだったのである。この時代に評価される家老とはどのような人々だったのか。時代像を知るために、次節はその凄腕の家老たちについて、より詳しく見ていきたい。

殿様を支えた凄腕の家老たち

ここで「三助」について語ってくれるのは、明治時代の修史事業を担当した役所、修史館（現在の東京大学史料編纂所にあたる）で、史料の編纂にあたっていた御用掛の岡谷繁実《おかのやしげざね》である。

修史館の館員は、研究会を開いていた。第一回（明治十五〈一八八二〉年一月）から第二十一回（明治十七年三月）までは、池之端弁天長酡亭（武蔵屋）、第二十二回（明治十七年四月）以降は、赤坂山王の星岡茶寮という料亭が会場であった。明治十五年四月の会規によると、便宜上割烹店を用い酒飯を供し、会費は六〇銭以下、入会脱会は自由、とのことであった。岡谷は、二十一回までの内容を「湖亭史話」、二十二回以降を「星岡史話」としてまとめている。ちなみに、明治十八年十二月の記録は、太政官廃止に伴う混乱により散逸し、会も廃絶した（『東京大学史料編纂所報』第十号）。

「三助」については、明治十八年四月二十日に実施された第三十一回で河合隼之助について、同年五月二十日の第三十二回に土方縫殿助について語られている。三人目は丹羽左京太夫の家老丹羽久米之助だが、本書では、丹羽には言及しない。ちなみに岡谷は三人ともに「介」の字を用いているが、混乱をさけるために本書では「助」で統一する。

岡谷は、もとは館林藩士であった。そんな彼が、なぜ河合隼之助を語ることができたのか。岡谷は幕府の学問所である昌平黌に学んだが、そのころ同じ寮に父親が隼之助の部下だったという姫路藩士堤孝之助がいて、隼之助のことを語り、岡谷は、当時それを筆記していたのだという。その中の大名、幕府に関わる事例を紹介したい。

まずは、先に見てきた一橋家との関係から。

隼之助は、将軍家斉の父一橋治済との縁を結ぶため、馬を使ったという。つまり以前から、治済が馬を好むということを聞いてさまざま策を廻らせ、一橋家の馬役に取り入り、治済へ「天下の名馬を得ようとするならば、鎌倉遠馬を仰せ出されるべきです。それには皆一橋家の御物見下より乗り出すように命じられるべきです」と言わせたのだ。治済はそれを名案だと大いに悦び、遠馬のことを命じられたという。当日隼之助は、ここぞと主君の随一の名馬に同じく随一の美麗な馬具をつけて、一橋家の物見下より乗り出した。治済はすぐに目を付け「あれはいずれの藩の者か」と尋ねたとか。「酒井雅楽頭家来河合隼之助」と聞き、治済は「感心のことである」と言って対面がかなったという。それから治済との縁が出来たとのこと。

その後、隼之助は土方縫殿助宅で、雅楽頭家が代々受け継いできた屋敷を、治済が所望されていることを聞いた。すると隼之助は、その場で、一存で献上すると申し上げ、帰宅の後、主君へそのことを伝えたという。まさに、機を見るに敏。有力者との関係を深めるチャンスを逃さなかったわけだ。もちろん、一存で事を運んでも問題にならない点は、主君にいかに信頼されているかのあらわれである。結果として、後に喜代姫を忠学の正室に迎えることができたばかりか、治済が薨去の後、喜代姫の御所望と称して、以前の屋敷だけでなく、治済の所有していた屋敷まで賜わったという。

幕府に関しては、次のような話がある。

雅楽頭家の屋敷の屋上に、塗金で拵えた飾りがあった。ある日、幕府の鳥見役より、その光が四方に輝いているために鳥が寄ってこないので、取り除くよう言ってきた。雅楽頭家の役人たちは非常に困惑し、その日は、こちらより御返答申します、と言って、まずは帰ってもらった。隼之助に報告したところ、隼之助はさもおかしそうに声をあげて笑い、「よしよし」と。役人たちは、具体案が示されず、皆心配するばかりであった。対して隼之助が言うには、「進物の準備ができれば使者を出す」とのこと。

その後、使者を遣わしたところ、鳥見役では、「酒井の使者か」などと言って、殊の外軽蔑した様子であった。しかし、右の使者が進物を出したところ、態度が急変し、暇乞して帰る際には、逆に敷台まで送りに出て平蜘蛛のように這いつくばり「いずれ明日、御礼に参上仕ります」と言った。翌日には、宣言通り礼に来ただけでなく、とうとう雅楽頭家の出入りとなったのである。カネの力で、幕府役人を手懐けてしまったわけだ。

隼之助は、先方が五〇両と思う所へは一〇〇両、一〇〇両と思う所へは二〇〇両遣わしたという。おそらく鳥見役にも、彼らの度肝を抜く進物が渡されたのだろう。そして、雅楽頭家の諸役人たちは、隼之助のすることは、何をしても、少しも知らなかったらしい。確かに、藩内に、大金を使うことが事前に知れたら、藩財政が逼迫しているときに何たること、という横やりも入ることだろう。周りの者に知らせずに、シレッと行うところがまた、隼之助の巧みな手並みというわけか。

他にも、次のような外交手腕を見せた。

雅楽頭家で「姫路鯛」と称して、毎年、幕府に献上している鯛は、阿波の海から捕れた。しかし、隼之助に言わせると、「姫路鯛」と称している上は、阿波の海というのは誤りで、姫路の海である。これまで姫路の漁人が運上を阿波に払って漁をしてきたが、姫路の海であれば、阿波の漁人が運上を姫路に出すことが、極めて当然である、と。これは屁理窟が過ぎるような気もするが……。

そこで、まず老中を始め、その関係の役人に手厚く賄賂を贈り、「この件が裁判になった際には、宜しくお取り計らい下さい」と頼み置いてから、阿波へ掛け合ったのである。つまり、「姫路鯛と称している上は、海は姫路の海である。今後、そちらの漁人は運上を姫路に収めた後に、漁をするように」と申し入れたわけだ。当然、阿波ではこれを聞いて大いに怒り、終に幕府に訴えたのである。しかし、かねてより隼之助が根回しをしていたため、裁判では、姫路の勝ちとなり、今後、阿波の漁師は、運上を姫路に払うことになった。「出すべき運上を出さず、取るべきでない運上を取った結果」の収益は、数万石に及んだという。語り手も、つまり姫路藩としても理不尽なことをしている自覚はもちろんあったということか。

このように、隼之助のかかわる裁判は、前から幕閣に根回しをしておき、相手から訴えさせて、自らは被告となって、勝ちを得たという。

賢いというよりは、阿波を嵌めたような、後味の悪いやり方のような印象は否めない。詳細を知りたいが、残念ながらこの姫路鯛のエピソードは、現時点では管見の限り、姫路側、阿波側の一次史料を見出せてはおらず、今後の課題である。しかし、この渉外関係の対応の仕方については、注目すべきではないだろうか。これをやってのけるのが、優秀な家老と評価された時代だったのである。

もちろん隼之助には、学問好きで藩内に学校を建てての人材育成や、新田開発をして藩の収入を増やすことに努めるなど、地道な政策を行使した一面もあり、それらの取り組みも語られているのだが、やはり強烈な印象を残すのは、これまで見て来たような、幕府や有力者への対策に不動産や名馬、大金を惜しまず、時には老獪な手を使ってでも国益を求める、生々しい政治家としての姿である。

さて、そんな隼之助と水野家家老土方縫殿助との初対面には、次のようなエピソードがあった。

隼之助が家老職になった始めに江戸詰藩士の中で随一の放蕩者三人を選び、権門家の担当としたという。そして、はじめての土方との面会に臨もうとしたが、進物に困り、その三人と協議したところ、一人が豊島屋の剣菱という御酒が相応しいという。しかし隼之助は、珍しいものではないと難色を示した。というのも、この剣菱は、十返舎一九の『東海道中膝栗毛』の「発端《はじまり》」で「豊嶋屋の剣菱、明樽はいくつとなく、長家の手水桶に配り」と書かれるほど、このころ大人気のブランドだったのである。権門家への進物としては、ありきたりというわけだ。ところが、その者は自信満々ですぐに準備し、受け取った隼之助も、一見して非常に喜び、土方の所へ出かけていった。

それは、単なる豊島屋の剣菱ではなかったのである。

土方と対面して、隼之助は、「何か献上しようと思いましたが、良い考えが浮かびませず、今途中で整えました」と、懐中から小さな包みを出した。縫殿助が開いたところ、豊島屋の焼印のついた剣菱の呑口が十本程入っていた。

呑口とは、樽から御酒を出すときに下方の穴にはめ込む木製の管のことである。それを豊島屋に持参すれば、御酒と交換できるのである。御酒を進物とする者は多いだろうが、その場合は酒樽だろう。しかし、本当に必要なタイミングで御酒と交換できる呑口の方が、相手方にも都合がよく、ちょっとシャレている。

江戸詰藩士の中で随一の放蕩者だからこそ思いついた、絶妙な進物。そしてその能力を見抜き、放蕩者を権門家担当に抜擢するところにも隼之助の才知が感じられる。

縫殿助もその進物に、殊の外感心したという。つかみはＯＫというところだろう。

続いて、その土方縫殿助について見ていきたい。

まずは、忠成を幕府の要職に就かせようと、縫殿助がどのように動いたかについて。

紹介のない権門家にどう取り入ったかといえば……。

縫殿助は、直接その権門家に行って、次のように申し入れた。

「私は、水野出羽守家来の土方縫殿助と申す者ですが、途中急に腹痛になり進退きわまっております。甚だ恐れ入りますが、御玄関脇なり、どこでもよいので、御差し支え無いところを、暫時拝借したいのですが」

いかに権門家であるといっても、急病の者がいれば、追い払うことはない。許可が出たところで縫殿助は、湯を賜りたいだの、火を戴きたいだのと種々の要望を出し、暫くしてから「御蔭さまで一命を助かり、御礼の程申し尽し難きこと」などと謝辞を述べて帰った。そして翌日、門番をはじめ茶坊主、取次用人等に至るまで、それぞれに贈り物をして前日の謝辞を述べ、これを縁に手ぬかりなく付け入り、目的を達したのである。

その時に配った金額も半端なものではなかったようで、縫殿助は、左右の袂に金五〇疋、一〇〇疋の目録を入れ、懐中には二〇〇疋、三〇〇疋、五〇〇疋という様々な目録を入れておき、権門家に行けば、直ぐに門番に向い、「毎々御世話になる」と言って、五〇疋の目録を与えて従わせ、それぞれにも目録を贈ったとのこと。そのため何れの家の門番も、土方と言えば喜んで来るのを待っているほどになったという。

また、権門家自体には、主家の重器宝物を贈り物にした。同僚が「それは水野家の重器で宝物である。贈り物にすることは見合わすべきだ」と止めても、少しも構わなかった。縫殿助は笑って「他日十倍にしてこれを取り戻せば、良いではないか」と言って聞き入れなかったのである。

後に忠成が幕府の要職に就き、自らはその腹心となり、事を執り行うに至っては、権勢に抗する者はない事態になり、三年もかからず、以前贈った重器や宝物はすべて回収できただけでなく、その他数十倍の宝器を得たということだった。

これらの動きは、河合隼之助とよく似ている。幕府の有力者へ大金を惜しまず、渡りを付けることが、すべてを円滑にすすめるための基盤であり、それができる者が、当時の賢い家臣なのだといえよう。

これ以降は、老中の家の家老だからこそのエピソードに移ろう。まずは、諸大名の家臣たちが、幕府への願い出をスムーズに行うアドバイスを受けるために、縫殿助を訪ねてきた場合……。

彼らが面会を希望すれば縫殿助は、直ちに会って一通り挨拶を済ませ「さて、御用は何でしょうか」と問う。何々と志願の旨を申し述べれば、縫殿助は、手続きの方法、認められる可能性、進物のことまでも、それぞれ具体的に指図した。諸藩から多くの人数が訪れるので、一度に用を済ませるようにしたとのこと。ほかの幕閣の家老や公用人等のように、威張ってはいないため、何れも行きやすかったという。

ここでは、縫殿助の諸大名の家臣に対するきめ細やかな対応ぶりが評価されたような書きぶりである。しかし、それに報いるものとして、縫殿助には諸大名家側からの多くの贈り物があったようだ。具体例を挙げてみたい。佐倉藩士で後には森鷗外も指導した漢学者依田学海は、文政四年（一八二一）四月に白河藩が佐倉への転封を希望した件の記述の中で、縫殿助のことを「当時威勢盛にして諸方の賄賂をうけて私曲の事も多かりしとぞ」と、記している（『学海余滴』第五冊）。また、天保元年（一八三〇）十二月に加賀藩に対して、幕府から一万両の拝借金が認められた際には、その経過で、加賀藩は、水野家の御用聞きの町人である綿貫半平に相談して、忠成に、七五両相当の狩野探幽の三幅対、縫殿助に三五両相当の古法眼筆一幅を送っている（『加賀藩史料』第十四編）。このように見ていくと、縫殿助には相当個人的な収入があったということになる。岡谷繁実の記述には次のようにある。

将軍家にも、忠成が出頭すれば、このことは縫殿助に相談したかどうかと問われるに至り、縫殿助は主家を数万石に加増させ、自分もまた巨万の富を為した。縫殿助没後、安政年間の大地震にて沼津は勿論、江戸藩邸はすべて押し倒された。水野家だけの財では救助に差し支えたので、二代目土方より数万の金を調達し、その窮状を救った程であった。

つまり、安政の大地震の災害復興に供出できるほど、縫殿助の個人財産は、溜まっていたということである。そしてその影響力は、主君の忠成が将軍の前に出た際に、その件は、縫殿助に相談したか、と問われるほどだったという。

読者の皆さんも、ここまで二人の家老の事跡を見てきて、何とも言えないもやもやした思いが胸にあるかもしれない。彼らは本当に「名家老」なのか……、と。

岡谷は、最後に次のように書いている。

維新以前は三助といえば、もちろん河合・土方・丹羽のことであり、諸藩老臣の亀鑑の様に申していた。要するに当時の策士を吟味するのに、規則を以て判断してはいけないのだ（「策士ニテ紕スニ、縄墨ヲ以テスヘカラス」）。

当時の「亀鑑」といわれる人物を判断するのに、今の基準を持ってきてはいけない、と。

岡谷にとってこの二人は、相当印象的な人物であったようで、「史談速記録　第百五十八」にも岡谷の語った「一、河合準《ママ》之介の逸事　附廿一節　明治三十年八月十七日。一、土方縫之介の逸事　附七節　明治三十年九月十七日。一、河合道臣伝」が掲載されており、明治四十四年（一九一一）五月に刊行された『続名将言行録』にも「河合道臣」の章が設けられている。

正反対の老中・大久保忠真

一方、『想古録』の語り手たちは、どのような老中を評価したのだろうか。

彼らが忠成と対照的な人物として支持したのは、忠成と同時期に老中に就任した十六歳年下の大久保忠真《ただざね》であった。

大久保は、謹厳実直な人柄が想像できるエピソードに事欠かない。本章の冒頭に示した、忠成が身につけるものはすべて洒落ていて、佩刀も毎日取り換えて登城していた様子を唯一賞賛せず、冷ややかに見過ごしていたのが、大久保であった（「一一三二、大久保忠真、人に媚びず」岡本豊洲）。また、勘定奉行の矢部定謙《さだのり》が、勘定所改革を行った際に、職を得ようと皆、権門家の後ろ盾を作って、矢部に泣き付いたり、矢部の用人に頼み込んだりしたが、その時に、大久保に賄賂を持って頼みに来るものはいなかったという（「二七二、唯だ大久保と土岐とのみ」泉本正助）。忠成とは、まるで対照的である。

ただ、愉快な一面も持っていたようだ（「三六五、大久保侯の機智、阿部侯を驚かす」羽倉外記）。

ある時、大久保の一年先輩の老中で、三歳年上の阿部正精《まさきよ》が、こっそり大久保の弁当を食べて、知らん顔をしていた。正午となり、めいめいが弁当を出して食事をはじめたところ、大久保の弁当は空っぽ。一座の人々はみな気の毒に思ったところ、大久保はそれほど気にしている様子はなく、「今朝少し食べ過ぎたので、まだ食欲がないのです」と、普段通り談笑し、しばらくして用事があると言って先に帰った。阿部は得意顔で、「今日こそは、大久保を担いで困らせてやった」と喜び、笑いながら屋敷に帰っていった。そして側近に、この顛末を自慢げに話したところ、その者は膝をたたいて感歎し、次のように述べた。

「なるほど。それではじめてわかりました。先ほど、大久保侯がお立ち寄りになり『時分どきになり、腹がすいたので湯漬でも振舞われよ』と、沢山の料理を召し上がられ、且つ御供の衆まで殊の外大量に食べて帰られたので、奇妙なことだ、と考えて居りました。これはまさしく弁当の復讐に来られたものに相違ありません」

阿部は、呆然自失。「ああ、私が彼を担ごうとして、かえって彼に担がれてしまった」と大笑いに笑った、とのこと。

幕府の政務を統括する老中なのに、勤務中に何をやっている？　いい大人なのに、イタズラが子供じみている。などの細かいツッコミは、脇に置いといて……。

大久保が、イタズラ心をくすぐられるような、スキのない謹厳実直な人柄、ということかもしれない。阿部が「今日こそは」と言っていることからも、何回かイタズラをしかけて失敗していたのだろう。しかし、大久保はすべてを見抜き、ウラをかく形で復讐を果たしたのである。また阿部殿か。困ったお人だ……と。

この場合迷惑だったのは、イタズラにつきあわされた形となった、阿部家の家臣だろう。——主人の留守中に主人の同僚がやって来て、食事を所望。そう言われては出さざるを得ないので、出したところ、家来とともに大食い。そしてすまして帰って行った。今のは、何？？？　——チョットした修羅場だったかもしれない。無邪気な阿部正精に、断然興味がわいてくるが、話を元に戻そう。

ここまで違うタイプの忠成と大久保は、衝突していたという（「六一三、大久保と水野の施政の反対」羽倉外記）。

大久保は倹素を崇び、忠成は奢侈を好む。大久保は清廉を主とし、忠友は苞苴《つと》（土産）を貪る。よって両侯の意見はいつも衝突し、互いに「絶対的の反対」に立ち、氷と炭、火と水のように相容れなかった。しかし、忠成は筆頭老中であるばかりか、将軍家斉の寵愛が深かったので、その権勢に大久保がかなうはずもなかった。ともすれば大久保の意見を「落花微塵」に打砕いた。

さもありなん。

大久保は、さぞ悔しい思いをしていただろうが、その不平を漏らすことはなく、静かに時節を待ち、忠成の死後ということだろう、「天保四、五年のころより天運循環して」、自らの信念のもと、政権をリードしたという。

儒学者たちが評価する大久保の姿から、対照的な悪役水野忠成のイメージが、鮮やかに浮かび上がってくる。

第五章　有能な官僚としての忠成

水野家の新しい婿として

前章では、彼を離れたところから見ていた儒学者や、後世の史料を中心に分析することで、忠成のイメージを見てきた。それに対して本章では、実際に忠成に仕えた家臣の眼から見た彼の姿を、婿入りした時から、その立身の道をたどりながら、明らかにしていきたい。果たして、家臣たちの記述からは、その悪徳政治家のイメージとは違う忠成の姿が見えてくるだろうか。

田沼の息子が離縁されてから、水野家にはあらゆるところから養子の申し入れがあったという（「公徳弁」）。そのような中、養子に決まったのが忠成だった。

天明六（一七八六）年十一月二十七日に、忠友は御用部屋で、近々、忠成を婿養子とする願書を提出すると予告し、十二月四日に願書提出、同月十八日に許可が下りる、という流れであった（「御家中興記」）。

忠友が忠成に白羽の矢を立てたのは、彼が小姓として将軍家斉の揺るぎない信頼を勝ち得ていたところに目を付けたからだとされる。「公徳弁」と同じく忠成の言行を死の直後家臣が記述した「藩秘録」によると、家斉は、持病の頭痛が起きた時には、忠成をおいて他にはないほどの信頼を置いていたため、手元から離すことには難色を示した（医者ではないのに、どのような手当てを……）。そこを取り成したのが、御側御用取次の「松平若狭守」で、当人のことを思えば、本家相続を許すことが肝要で、このまま側で使えば、御側御用取次が限界で、大名になることは難しい。しかし、本家相続をすれば、差し当たって三万石の身分になり、ゆくゆくは老中にして、どのようにでも御奉公させることができる、と強く勧めたとのこと。家斉は、その後忠成が御前に出た時に「出羽が髪は寡《すくな》し、其方は殊之外大髪なれば出羽へ分ち遣すべし」と戯言を言い（忠友、この時五十六歳。髪が薄くなっていたようだ……）、本家相続が許可されたという。なお、「松平若狭守」という御側御用取次はいないので、「小笠原若狭守信喜《のぶよし》」の間違いだと思われる。

家斉が、忠成を非常なお気に入りにしていた様子が読み取れる。現将軍との強固な結びつきを手に入れている末家の若者は、すでに揺るぎない権力基盤を確立していたといえ、今後の水野家の安泰と発展を考えた際には、本家の養子として最適な存在であったのだろう。

忠成は旗本岡野知暁《ともさと》の次男で、水野忠隣の養女（実父は書院番頭水野政勝）と結婚し、二〇〇〇石の旗本である忠隣の後継となっていた。ちなみに忠隣の正室は忠友の妹であったが、二人の間に子供がいなかったため、一族から養女を迎え、それに婿養子として忠成を迎えていたのである。そしてすでに二人の息子が生まれていた。長男は早世したが、側室より次男忠紹《ただつぐ》を得ていたのである。つまり、忠成も離縁の上の養子入りだったということになる。忠隣にしてみれば、孫が生まれ、自らの家の後継を得ていたこともあり、優秀な婿を本家存続のために譲ったということだろう。残念ながら史料には描かれていないものの、この縁組には、内心葛藤した者もいたのかもしれない。

さて、忠成とはどのような若者だったのだろうか。「藩秘録」には、御城坊主から聞いた話として、彼が水野本家を相続して間もない寛政年間の、江戸城での能見物のエピソードが記されている。

そのころ国持大名が、譜代大名の見物席の前に一列で並ぶような慣例ができつつあった。後ろになってしまった譜代大名はみな、不安に思い、色々評論していたところ、忠成が「私に任せてください」と言ったという。そしていつもは前に進もうとするところ、その日はわざと目立つように、端で「鳩まり座（鳩のような座り方をした、ということか）」をしたところ、当然、老中たちの目に付き、目付衆を通して尋問された。すると忠成は、次のように答えたという。

そのことでございます。御覧になられるように、最近は国持衆がこちらの席まで一列で居られます。しかしながらこれは身分にふさわしく、かつ外様がなさっていることです。譜代の身分でありながら、このようなことで争いを起こすなど穏やかでないと思いましたので、遠慮して、国持衆の邪魔にならないようにこちらに居ります。

——其事にては、見られ候如く近来国持衆斯く当席まで一列せられて候、左れども是は身分柄、且外様の事也、御譜代の身分に而之れに争ひ申さんも不穏事に存すればさし扣《ひか》へ、国持衆の障ならざるやう斯く罷在なれ、

譜代を代表して事を行う行動力。智恵を発揮した対応。そして強烈な譜代としての誇

り。忠成の人となりが、端的に表れているエピソードだ。

この出来事の結末はといえば……。すぐに老中の指揮で席は改められ、譜代の者たちは大いに喜んで忠成に感謝したという。

広い視野を持つ寺社奉行

早くから頭角をあらわした忠成は、その後順調に出世を重ね、享和二年（一八〇二）十一月二十四日に奏者番、同三年八月九日には、奏者番兼寺社奉行に就任した。

寺社奉行時代には、次のようなエピソードがある（「藩秘録」）。

ある人が、盗賊が増えたのを憂いて、江戸の郊外に小さな関所を設置して、諸国から入って来る不正な者を、ここで取り調べてこれを防ぎ、御府内（江戸）にいる身元が不確かで、所業が不審な者はすべて外に除けば、御府内は自然に静謐になり、大災の憂いもなくなるのでは、と述べたことがあった。御府内の秩序を守るため、住所不定で怪しい者たちは、御府内から追い出そうという意見である。

それを聞いて忠成は次のように言った。

このような御府内の心配は大いに取り除くべきである。しかし、公の御政道は特に御府内だけでなく、四海の内浦々津々まで平安にすることである。且、御府内は諸官が整っていて、あらゆることに目が届く。対して津々浦々においては、幕領も代官の一手に任されていて、御府内のようにはいかない。下々の悪党を教化して善に導くまでにはいかなくとも、せめてはこのにぎやかな江戸に自ら集っているものを御膝元として、全て整っている諸官を用いて対処すべきである。そうすれば、津々浦々や辺鄙な場所の心配も減るのが道理である。

——此儀御府内の憂ひは大に除くべし、乍然公けの御政道は特に御府内のみならず、四海の内浦々津々までも平安ならしめられん事なり、且御府内は諸官備り具して物事御手も届かるべき也、津々浦々に至りては御料も御代官一手にして、御府内如き事は能ふまじき也、さて下民の悪徒を教化して善に帰せしむるまでには御届かれずとも、せめては此繁華都会に自ら集り至るものを御膝元にして、諸官の全備せるを以てこれを処置なさしめたまわん事、津々浦々辺鄙等の憂ひ薄き道理なるべし

つまり、御政道というものは、御府内に限るものではなく全国を平安にすることであ

り、そもそも郊外は役人の数も少なく、そちらに犯罪者を追い遣っては手に負えるはずはないのである。役人が充実している御府内で犯罪者に対処することにより、周辺地域も平安に近づく、という忠成の見解は、広い視野に立った物の見方と言うべきであろう。その場の者たちも納得したという。

後日、南町奉行の根岸鎮衛《やすもり》が、これを内々で「羽州（出羽守・忠成のこと）は宰相の器なり」と言っていたとのこと。江戸だけでなく全国まで視野に入れて意見を言う姿は、老中の器量だというわけだ。

ちなみに根岸は、京極夏彦や宮部みゆきなど、現代の作家にもその作品のモチーフにされる、随筆『耳袋』（第二章にも登場）の作者としても知られた人物である。

名門を背負う矜持

文化三年（一八〇六）十月十二日、忠成は若年寄に就任する。ここでは、高等学校日本史の教科書に載るような人物や事件を二つ取り上げる。これらの逸話から、忠成の考え方が良くわかる（「公徳弁」）。

まず一つ目は、蝦夷地を探検したことで知られる近藤重蔵をめぐるエピソードである。

重蔵は、寛政改革の申し子というべき人物かもしれない。御先手与力の家に生まれ、寛政六年（一七九四）二月に実施された第二回の学問吟味を受験した。この制度は、松平定信の寛政改革で始められた学問による人材登用政策の一つで、旗本・御家人らが受験できた。合格者には若年寄から褒賞があり、旗本の場合は役職への登用の可能性が広ったのである。重蔵の結果は、丙科及第。ちなみに、この時の合格者は三十七人で、甲科五人、乙科十四人、丙科十八人であった。甲科の合格者の中には、文人として知られる大田南畝や、名奉行遠山の金さんといわれた遠山金四郎景元の父親であり、勘定奉行まで出世することになる遠山景晋《かげみち》がいた。

重蔵のターニングポイントはこの丙科及第であった。翌七年には長崎奉行手附出役として長崎に赴任するが、その際の長崎奉行は学問吟味の時の試験監督であった中川忠英《ただてる》である。その後、支配勘定、関東郡代附出役を歴任し、同十年三月に松前蝦夷地御用取扱となり蝦夷地を探検した。ちなみに学問吟味の際のもう一人の試験監督であった石川忠房は、松前蝦夷地掛の勘定奉行となっていて、ここにも縁があった。文化五年に書物奉行となり、その学識を生かし、幕府の蔵書である紅葉山文庫の書籍の整理、編纂にあたっている。重蔵を引き上げたのは若年寄の堀田正敦であったと言われるが、堀田は学問吟味の際、重蔵に褒賞を渡した人物でもあった。

この頃、忠成は若年寄であったわけだが、「言う事はほぼ完璧で、意気盛んな（「中事大躰行届、勢ひも盛なりける」）」重蔵が、忠成に様々進言しても「心得ておこう（「心得罷在候」）」と言うばかりで、それを取り上げることはなかったというのだ。

その後重蔵は、文政二年（一八一九）に大坂弓奉行となる。その前年の同元年には、忠成が勝手掛老中となり、重蔵を引き上げた若年寄堀田は勝手掛を外されており、寛政改革の時代は終わりを告げ、忠成が率いる新しい時代がスタートしていた。ここから、重蔵の人生は一転する。

大坂弓奉行の職務は、まさに大坂城内の弓などの武具の管理の仕事だったわけで、これまでの重蔵のキャリアを生かすことができる内容ではなかったのである。そして二年もたたない、文政四年四月に罷免され、永々小普請入となった。その理由は、大坂城郭内の土を売ったからとも、無断で有馬温泉に外泊したからとも言われている。その後、同九年に、目黒の別荘の境界争いから長男富蔵が隣家の百姓一族を殺害する事件が起こり、富蔵は八丈島に流され、重蔵も近江国高島郡大溝藩主分部《わけべ》光寧《みつやす》へ御預けとなり、大溝で同十二年六月九日に病死する（谷本晃久『近藤重蔵と近藤富蔵』）。

この期に及んで、忠成は次のように述べたという。

彼の者は、小人が学問をしたもので、自分の役でもない諸役人のことを、いろいろ悪く言い、重職の役人衆を惑わした。私は、最初から聞き流していたので、少しも誤った事態に陥ることはなかった。彼の者が申し出ることの中には、これは、と思うこともあるために、驚いてそれを採用した人々が誤ることも多かった。彼の者は不届き者であり、よくも首が付いたまま死ぬことができたものだ。

——彼れは小人の学問したるに而、己れが役に而も無き諸役人の事を種々に悪評して、重き御役人衆を惑乱せしむ、自分は最初より聞流し置たる故、少も越度に至らず、彼が申出る中には是はと思ふ事有故に驚きて人の越度も多かりき、彼が不届ものなる事、能も首を継て死たり、

重蔵の出世街道に立ち塞がったのは忠成だった。忠成は、重蔵の、学問でのし上がり、自らの立場を超えて行動する、これまでの武家社会の秩序を逸脱する姿を嫌悪したのである。それは、実力ある者は引き上げようとし、これまでの秩序を変える可能性がある寛政改革のやり方への否定でもあった。

「小人の学問したるに而」「能も首を継て死たり」とは、何とも強烈である。重蔵も忠成も、生まれた家の格ではたどりつけない役職までのぼりつめた。その手段が、重蔵は学問、忠成は養子縁組だったのである。同じ成り上がりでも、忠成は武家社会の伝統的なシステムで、秩序を乱さずその地位を手に入れたのであり、重蔵とは違うという自負もあっただろう。忠成の名門を背負う意地のようなものが、伝わってくる。

もう一つは、フェートン号事件である。文化五年八月十五日、フリートウッド・ペリゥー大佐を船長とするイギリス軍艦フェートン号が、オランダ国旗を偽って掲げて長崎港に入船した。当時のオランダ本国はフランスの支配下。そのフランスとイギリスの間で、東アジアの植民地の利権争いが起こっていた。そのためフェートン号は、オランダ船の拿捕をねらっていたのである。

その時長崎港には、オランダ船の姿はなかった。しかし、フェートン号は、オランダ商館員を人質に取り、水と食料を要求した。

当時のオランダ商館長の『ドゥーフ日本回想録』によると、町年寄高島茂紀が人質奪還命令を受けたのだという。ドゥーフが高島にその方法を尋ねると、一人で乗り込み、人質返還を断られたら、隠し持った短刀で、まずは船長を刺し、その後自らを刺すとした上で、「暗殺は日本人の気質に反するが、彼はそれ以外に価しない。彼はオランダ人をだまして、日本の領土でオランダの旗の下に、こっそりと敵対行為に及んだからである。私はそのため、自ら犠牲となりたい」と述べたという。ドゥーフは、それでは高島も人質も助からないと止めたが、理解してもらえないため、長崎奉行に申し入れ、相手の要求を呑み物資と人質を交換することになった。

十七日の午後、フェートン号は去った。奉行が出兵を依頼した長崎警備担当の佐賀藩士は少数しか在番しておらず、武力行使は不可能だったのである。

その夜、長崎奉行松平康英は、責任を取って切腹した。『通航一覧』巻二五九によると、康英の切腹は、介錯もない中でへその下を一文字に切り、喉を鍔元まで刺し貫く、という凄まじいものであったという。家臣も六人が後を追って自害した。

忠成は、次のように語った。

老中も同列の者たちも、図書頭《ずしょのかみ》（松平康英）は「よくぞそのようにした」と褒めていた。私も（その時は）それに従って褒めておいたけれども、実は褒めるべきではない。御役を務める者は、このような場合は、よく考えて取計らうべきである。

不調法なことがあっても、遠国に派遣されているのだから、またそのあとからどのように状況が変わるか予想もつかない。そのような場合、自らが死んだ後何かあった時は、指図をするべき奉行がいなければ、また、お上（将軍）の御恥辱になるかもしれない。このような時は、なおいっそう跡を取り締まるべきなのである。その上で、まさしく腹を切るべき時期だと思えば、奉行を交代した後に、心静かに腹を切っても遅くはない。これもまた、あわてて取り乱したからである。

――老衆も同列衆も図書頭は能社《よくこそ》かく致たりと褒らるる、身も倶々褒置たれども、実はほむるにあらず、御役を務るものはケ様成所能々弁居るべき也、不調法ありとも、遠国へ被遣置候故、又其跡よりいか様に変可有も難計、然る処身死して後何事あらんに、差図可致奉行無くば、又々上の御恥辱に可成も難計、ケ様之時は弥以跡を取締可致なり、其上弥以腹切ねばならぬ時節と思はゞ、交代して後に、心静に腹切て遅からぬ、是もまた度を失ひたる也

武士の責任の取り方はかく有るもの、と多くの老中や若年寄が賞賛したのである。対する忠成は、その場では周囲に合わせて褒めたものの、本音のところでは「度を失ひたる也」とにべもない。取り乱した、というのだからまるで逆の評価である。状況は

どのように変化するかわからないのであるから、そこを見極めた上で後始末を行わなければ、上への御恥辱を塗り重ねてしまうことがある。その後、自らの身の処し方を決めるべきである、というわけだ。そこにあるのは、「武士としては」ではなく、あくまでも「幕閣としての」現状への最良の対処方法の追求である。

対象者は違うものの、先に登場したオランダ商館長のドゥーフは、町年寄高島茂紀の行動を現実的ではない、と止めたが、その一方で「私と書記（高島）との間に起こったことを、ここでこの本に詳細に扱ったのは、ただ日本人は与えられた命令を実行するために、いかに命を惜しまないかを、見てもらうためである」と記し、賞賛している。外国人でさえ、このように見ていたのである。現代の私たちにとってみれば、忠成の見解は不思議なものではないが、江戸時代という時代性を鑑みれば、特筆すべき合理性と冷静な判断というべきものだろう。他の幕閣とは一味違う人物像が見えてくる。

ただ、ここで誤解してはならないのは、忠成が決して「武士として」の振る舞いを否定していたわけではなく、優先順位の問題だということである。例えば、次のようなことがあった（「公徳弁」）。

ある日の夕暮れ時、一橋門の辺りで、忠成の一行は、御三卿の田安斉匡《なりまさ》の一行と出くわした。忠成の外御供頭加藤瀬兵衛は、引き返すと余計に道が混雑すると考えて、その場で田安の行列を待つこととした。すると、田安の走り者が駆けつけて来て、加藤を溝に落とし、鞘のままの脇差で三、四回敲いた。御三卿のお通りなのに、その場から引き返さないのは何事か、ということだろう。加藤は、穏便に済ますことを好む忠成のことを考え、抵抗することなく、その場を通したという。その後、忠成の嫡男忠義が同じく一橋門外へ出たところ、忠義の外御供頭の鶴見小十郎が、田安方へ捕えられ、田安邸に連れて行かれた。

その後、帰宅した鶴見によると、田安方は繰り返し謝罪し、内済（示談）を求めてきたという。報告を受けた忠成は、非常に怒った。その場に控えていたことに対して、ねぎらい、道をさけることもなく、ましてや供頭を打ちたたくなどは「不法乱妨」である。内済を断り、表沙汰にすると言ってくるように、とのこと。鶴見が、翌朝そのように申し入れたところ、田安側は昨夜申し上げた通りだと、無理やり内済にした。忠成側もそれ以上は主張せず、ことは終わった。一応は穏便に片付いたわけである。

その結果を見て、怪我をしていた外御供頭の加藤は、療治手当のための御褒美を頂けないかと、上司に申し入れた。

報告を受けた忠成は、非常に立腹した。

傷を請けたことは、駕籠の中より見ていたが、見逃してやったのだ。もし、表だって言うのであれば、「歩士道」が立たないので、厳しくとがめることになる。走りの者に溝へ落され、その上、脇差でひどく敲かれながら、刀も抜かないのは大恥かきである。武士が傷をうけて、相手を切り捨てないのは本意ではない。まして、供頭を務めている者でありながら……。


——疵請之儀は駕籠之内より見居候得共、見逃しに致遣す也、若表向に申聞るならば、歩士道難相立候間、屹度咎め可申なり、走りの者に溝へ押落され、其上脇差に而したたか敲かれながら、刀をも不抜、大恥かきこそなりけり、武士が疵請、不切捨は本意ならず、まして供頭をも勤むる者なれば、

もちろん、褒美などを出すことはなかった。

その場で抵抗しなかったことは、事を大きくしないための合理的判断である。相手の田安斉匡は、御三卿というだけでなく、一橋治済の五男、つまりは将軍家斉の弟である。

より慎重になってしかるべきなのだ。これについては、忠成も認めるところだろうし、そうすべきなのである。しかし、武士の恥という観点では、抵抗すべきだった。忠成が内済を求めてきた田安家に対して、一度はそれを断り、表沙汰にすると家臣に言わせたのも、そのまま受け入れるのでは武士道が立たないと考えたからであろう。だからこの加藤の行動は、ことを穏便に収めた立役者として認められるわけはなく、当然褒美などは論外。そこに、忠成の怒りがある。武士としてのあるべき振る舞いを忘れたのか、と……。加藤は、恥を胸に静かに療養するべきなのである。あるいは、長崎奉行松平康英の事例から想像するに、武士道を全うするには、すべてが済んだ後、一人静かに腹を切るという結末を、忠成は理想としていたのかもしれない。

文化・文政の気風の中で

忠成は、文化九年（一八一二）四月四日には、西丸（家慶付）側用人に、同十四年八月二十三日に老中格、翌年二月二十九日に勝手掛となった。そして八月二日に、西丸側用人を兼任のまま老中に就任した。忠成、五十七歳の時であった。

老中昇進の契機となったのは、文化十四年八月十六日に、それまで二十六年にわたって幕府政治の要となってきた、老中松平信明の死去があったためと考えられる。これで「寛政の遺老」が、政治の表舞台から姿を消し、忠成を中心とする新しい時代が到来したのである。

ここに至るまでの時代の変化を、儒学者の林述斎は、次のように読み取っている。以下の内容は、フェートン号事件の直後の文化五年九月に、松平信明に宛てた手紙からのものである（大口喜六『国史上より観たる豊橋地方』）。

（松平信明が）御退職される前からの役人も少なからずおりますが、時世が移り変わるにつれてその流儀を変えており、同じ人でも大いに変わっております。何事も上の事は下に通じませんし、下の事も上には届きません。

——御退職前より勤来り候御役人も少からず候へ共、時世につれ皆流儀を代へ、同じ人にて事は大に変じ申候、何事も上の事下へ通じ申さず、下情は又た雍閉して上達仕らず

「御退職」というのは、将軍家斉が、松平定信が辞任した後、政治の主導権を自らの手に取り戻そうとし、求心力を高めていた信明を享和三年（一八〇三）十二月二十二日に、

老中から解任したことを指している。しかし、文化三年五月二十五日に、その外交手腕を期待されて老中に復職し、この手紙の時期となったのだ。

述斎によると、役人の雰囲気が変わってしまい、上下の意思の疎通もままならなくなっているのだという。つまり、寛政改革のころの風潮は影をひそめたということだろう。

ここで、巷に聞こえた声から、時代の移り変わりを見ていこう。

定信の活躍していた時代を端的に表す、次のような前句がある（「よしの冊子　三」十四、自〈天明八年［一七八八］〉三月廿六日）。

ふんどしが出たで　世の中しまる也

田沼意次のいわゆる「金権政治」が蔓延し、弛緩していた世の中を、「（越中）ふんどし」つまりは松平越中守定信が締めている、というわけだ。ところが、それは良い意味ではなくなるようで……。

よの中は蚊ほどうるさきものハなし　文武といふて人をいぢめる

（「よしの冊子　四」十九、自〈天明八年〉六月廿七日）

上からは、あたかも蚊の羽音のように「文武」「文武」というばかりで、もうウンザリ。そして……。

白川の清き流に住かねて　濁りし田沼の水ぞ恋しき

（「よしの冊子　十」七十七、自酉〈寛政元年［一七八九］〉八月五日）

この狂歌は「最近は、町人たちの商いが少なく、難儀しているようだ（「此節、町人共商ひ少く難義候由」）」という文章に続いて書かれている。嫌っていたはずの田沼時代の方がましだった、とまで言われるに至ったわけである。

しかし、この手紙の書き手は、定信派ともいうべき林述斎である。寛政改革期の風潮を変えてしまった悪の元凶について、次のように述べる。

絶えず、小人のさきがけとして、毒を天下に流しているのは水野出羽守（忠成）

に間違いありません。この人は少し能力があり、小人の才能のあるものを起用し、以前からの所業は知られていることもあります。松平和泉守（奏者番・乗寛）と非常に親しく、相互に助け合い、世の中を一変させる可能性があります。そのことについては小身の幕臣たちで才能がある者が少なからず居ります。（中略）出羽守は、和泉守と結託して、内外の事についてうまくやっていこうとしており、それに加えて蜷川相模守（西丸御側御用取次・親文）とも陰で結びついている様子で、諸家へ出入りをしています。巧みな計画には興味深いものもあります。のちのちの災いは、ここから起こるに違いありません。

——始終小人の魁として毒を天下に流すべきは水羽州に相違有之間敷、其人小材ありて、小人の才あるものを愛し候手術有之、前々よりの所業存居候所も有之、松泉州と無二の交を結び、相互に援引して、世を一変するの含有之、其手に付き候小身の面々、小才あるもの少からず（中略）羽州、泉州志を得候て、内外釣合候はんとの巧み、其上に蜷相州へも陰に結び候次第有之、彼家所々へ手を入れ候妙策おもしろきほどの事も有之、後年の殃、之より起り候事必然に御座候、

述斎に言わせると、元凶は水野忠成。この手紙の時は、若年寄である。「毒を天下に

流す」とは、穏やかでない。徒党を組んでいるようなことが書かれているが、文中に出てくる奏者番の松平乗寛とは、文化四年十二月十四日に、忠成の嫡子忠義と、乗寛の娘との縁組が許されており、姻戚となっている。連携していたのは確かなのだろう。ちなみに乗寛は、その後文政五年九月三日には、老中に昇進している。若年寄の頃から、将来を見据えて着々と人脈作りを始めているということのようである。

それでは述斎が指摘した、時代の変化とは、具体的にはどのようなものだったのだろうか。次のようなデータがある（荒木裕行『近世中後期の藩と幕府』）。会津藩八代目藩主松平容敬《かたたか》の日記の分析によると、容敬の諸大名との交際の回数は、文政五年から天保五年（一八三四）まで漸増し、天保六年に半減するという。増加している時期は、忠成が老中であった時期に一致する。つまり、文政から天保中期は、将軍家斉、老中水野忠成のもとでの華美な風潮の影響で交際回数が拡大し、忠成が死去した天保五年からは、質素を重んじる雰囲気が生じ、天保六年から回数が減少したということである。

忠成の老中就任。それは、寛政改革の終焉と新しい時代の幕開けを意味していた。

きめ細やかな観察眼

先の林述斎の手紙では、忠成が小身の幕臣たちで才能がある者を起用するという記述がみられた。ここからは、人事に注目してみたい。

まずは、人事のやり方から。はじめに、「第二章　名門水野家、復活す」の「十代家治の側用人になる」のところでも登場した、日を決めて大名や旗本に面会する「対客」について見ていこう。「忠成日記書抜」文化十四年（一八一七）九月一日には、忠成の老中格、西丸側用人兼任時点の対客日について、次のように記されている。

初対客日　九月十八日　十九日　廿一日
　何茂延引替日
　九月廿一日　十月三日　四日
毎月対客日　三日　十三日　廿三日
登城前逢日　五日　七日　十一日　十八日　廿五日

これによると、登城前に対面するのが五日、毎月決められた対客日が三日あることがわかる。それでは、この対客日の実態は、どのようなものだったのだろうか。「公徳弁」によると、老中や若年寄の対客日には、役を望む大名や旗本が競って訪問することが流行し、一日に百人から二百人にも及んだというから驚きだ。無益だと批判もあったが、忠成はこれについて、次の点から積極的に評価していた（「公徳弁」）。

①多くの旗本の人物を見ることができる。
②役にふさわしくても、本人の了承が無く任命してしまえば、勤務にむらが出て不調法なことが増える。
③役を希望する者は、見かけより良いことを言い出すものである。対客日に人物も内願も良いように申し出るが、それを見極めるのが役人たるものである。
④どれほど役に立つ人でも、家にばかりいる人を見出すことはできない。どのように才能がある人でも引っ込んでしまっていては、才能はないようなものである。能力のない者も努力すれば能力が増すこともある。

そして、「日本惣大将の御家来何百万人の人を見出すは、いかに発明の老若（老中・若年寄）にても神か仏か天道にあらずば知得まじ」と述べ、どのような軽輩の旗本であっても、国持大名であっても、申し出の内容を詳しく聞き取り、それぞれに返事をしていた、とのこと。

対客日に熱心に対応し、有能な人材を探していた様子がうかがえる。また、その際に、あらゆる希望を叶えてやりたい、という気持ちから、毎回、こうすれば希望が叶う、このように書けばよいのではないか、と具体的なアドバイスをしていたとか。しかし、そうはいっても、この対客日のやりとりには、賄賂が伴なっていたはずである。

次に、実際の人事について取り上げたい。

文政五年（一八二二）、周りを驚かせる人事が二つあった。

七月二十八日。田沼意正が、若年寄に就任した。この意正とは誰あろう、天明六年（一七八六）まで水野忠徳と名乗っていた人物、つまり忠成の前の水野家の養子、忠成の現在の正室八重姫の元夫であった。

田沼家の四男だった意正が、なぜここに登場してくるのだろうか。田沼家は意次の長男で若年寄だった意知が、天明四年三月二十四日に江戸城内で佐野政言に斬られて、四月二日に死去したため、意知の嫡男意明が跡継ぎとなった。祖父意次の失脚を受けて、天明七年に家督を相続し、陸奥国下村藩一万石の領主となっている。しかし意明は寛政八年（一七九六）九月二十二日に二十四歳で死去。弟（意知次男）の意壱《おきかず》が跡を継ぐも、彼も同十二年九月十七日に二十一歳の若さで亡くなった。その跡はやはり弟（意知四男）の意信が継ぐが、享和三年（一八〇三）九月十二日に二十二歳で死去してしまう。その跡を継いだのは、意次の甥で一橋家家老も務めたことのある意致《おきむね》の次男意定であった。しかし、意定も文化元年七月二十六日に、二十一歳で死去したのである。そこで田沼家の当主の座が意正に廻ってきた。この時、意正四十六歳。驚くべきめぐり合わせである。

意正は、若年寄に任命されただけではなかった。翌年の文政六年七月八日には、田沼家の元の領地である遠江国相良への復帰まで許されたのである。これを見て「人々肝を化したり、其事、公（＝忠成）に訴るものあり」。

「肝を化す」という表現に、人々の驚愕ぶりがよくわかる。

問われた忠成は次のように述べたという（「公徳弁」）。

まず意次については、その勤めぶりに不調法はなく、一時の心得違いがあっただけである、とする。つまり、十代将軍家治の病気を治したいと一途に思うあまり、名医だと思った赤林啓順（若林敬順）の薬を献上してしまった。その結果、家治は三度も吐き、苦しまれたので毒薬と疑われたが、実際は軽い薬で、嘔吐は疲労から来るものであった。また、現将軍家斉が将軍家の養君となったのは、意次の努力の賜物である、とのこと。当時、家治に意次が毒薬を盛ったとの噂があったことがわかり、生々しい。そのような意次を擁護し、現在の将軍家斉があるのは意次によるところが大きいというのである。

そして、意正本人については、これまでにも随分御奉公に勤めた人物であり、大番頭に仰せ付けられた者が、若年寄にならないということはない、とする。このことは以前、家斉からも御尋ねがあった際に、「実は意次の子であるが、代は六代目にもなっており、その人物も優れている上、上様の御報恩にもありますので、任命すべきです」と申し上げたところ、家斉は「至極御機嫌も能く」、また今度は意次の領地に復帰させるようにとの上意があったというのである。意正は、家斉も気になる人物であったということか。

そして、忠成は次のように述べている。

旧功の多さと恩に報いることは、人々が忘れてはならないことである。また父親に罪があったとしても、子の徳を捨てないというのは、中国の（古代の理想的な帝王といわれた）尭や舜も努めていたところである。

――旧功の多きと報恩の事は人々忘却無を以宜しとするなり、また父罪ありとも子の徳を不捨は、堯舜も務めし所なり、

昔の功績や恩義は忘れがちだが、決して忘れてはならないものである。そして、父親が罪を犯したとしても、その子供は別であり、有能であれば任用すべきなのである。この父は父、子は子、という発想は次の事例からも見える。

周りを驚かせた人事のもう一つとは、文政五年九月三日、増山正寧《まさやす》が若年寄に就任したことである。

読者の皆さんは「増山」の名前を覚えておられるだろうか。第三章に登場した、忠友が老中を罷免された際、舌を出して笑ったのが、長島藩主増山正賢。つまりこの正寧の父親だ。正寧の若年寄就任に、水野家の家臣たちは憤慨した。その際、忠成は次のように述べたという。

先代の増山は馬鹿もので、御役も満足に務めず、最後には隠居の後に蟄居したほどであるが、現在の河内守（正寧）は孝行者との噂もあり、加えて藩政についても

良いことが聞こえてくる。いわゆる鳶が鷹を生んだということだろう。これについては先代の増山のあだを恩で返す形になるが、今に至っては、こちらの家臣たちはひどい話だと一同で思い込んでいるため、言い伝え聞き伝えてきたけれど、あちらの家ではその当人ですら時がたって忘れているし、家臣たちは夢にも知らない話である。

——先増山は馬鹿ものに而、御役をも不勤、終に隠居の後に蟄居したる程なれども、当河内守は孝心の聞へあり、且国政も能風聞なり、所謂鳶の鷹を産たるなるか、依而は先代の増山のあだを恩にて報ひ参らすなれども、于今いたりては此方の家臣はかく迄悪《に》くしと一同に思ひ込たる故に、言伝へ聞伝へてあれども、彼家にては其当人すら其時限にて忘れ果、家臣等は夢にも知らぬ事可成、

水野家の家臣たちの頭に一番に浮かんだのは、武士としてのメンツが傷つけられた過去である。それに対して忠成は、過去よりも現在、メンツよりも能力を重視したのだ。

このように見ていくと、忠成は、強烈な名門譜代としての意識を持ちつつも、目の前の政治課題を最も効率的に解決する手段を求める現実性を併せ持った人物として捉えら

れる。

そして、恩義については、次のような事例がある（『公徳弁』）。第二章で、老中首座で勝手掛だった松平輝高が死去したため、忠友が老中格で勝手掛に就任したエピソードを紹介したが、その輝高の三男輝延をめぐる出来事だ。

松平輝延は、文化十二年四月から大坂城代を務め、文政四年に御機嫌伺いのため出府した。再び大坂に戻る際、御暇の挨拶の後、病気を申し立てて引き籠ったのである。そして輝延は、御役御免を願い出るのは恐れ多いが、何分にも勝手向き不如意のためと願い出ることもできず、当惑のあまり忠成に相談してきたのである。

大坂城代という幕府の高官であるのに、経済状態が悪い、という点に違和感を覚える読者の方もおられるかもしれない。当時は現在の様に高い地位に就けば、収入が増え、よりよい生活ができる、というわけではないのだ。あくまでも将軍への御奉公であるので、必要経費は自腹なのである。例えば、寺社奉行に就任した際の必要経費は金五〇〇〇両といった具合で、寛政期には一、二万石の大名でも長く寺社奉行が務められたが、文政の頃には、六、七万石でも難しくなり、拝命を断る者も現れたという（山本博文『江戸時代を「探検」する』）。また、後に忠成を頼って老中昇進に成功する水野忠邦は、工作資金をつくるため、大坂城代時代に大坂の豪商と深い関係になった（藤田覚『水野忠邦』）。出世するにも、資金が必要な時代だったのである。ましてや、この時、輝延は大坂城代。ここまで出世するのに、工作資金がかかり続けただけでなく、大坂へのいわゆる長期出張の資金も必要だったはずだ。

忠成は輝延に、願い出にはどのようにでも書いてよいと、アドバイスした。その結果、大坂城代の御役御免、雁之間詰となり、御礼の登城の際には、溜詰次席に詰めることとなった。

輝延の家臣たちは、今回の登城の呼び出しで、今度は側用人に就任することを期待していただけに、がっかりしてしまった。また、当時の老中がみな若手か働き盛りの者ばかりだったので、近々老中に仰せ付けられる可能性は低く、この後も再び役職に就くことになっても、おそらく遠国で年を積み重ねることになるだろうし、楽しみも少ない日々を送るのかと心が折れてしまったように見えたという（「其内には遠国之方々積年に可及とて楽み少なき事どもと、心折とて見えける」）。遠国での生活に楽しみが少ないと、嫌っている様子が興味深い。今回の結果には、家中のモチベーションも下がり、我慢の限界となっていたのである。

しかし、輝延が引き籠っている間に、老中の人事が動いた。

文政五年六月二十四日、土井利厚が六十四歳で死去し、その後任に京都所司代の松平乗寛が任命された（文政五年九月三日）。京都所司代には、若年寄の内藤信敦が就任（文政五年九月三日）。それ以前に、輝延の後任の大坂城代には、奏者番兼寺社奉行の松平康任《やすとう》が任命された（文政五年七月八日）。そして文政六年、はからずも老中阿部正精が病気のため、退任する可能性が出てきたのである。この阿部は第四章の終りに登場した、同僚の大久保忠真の弁当を盗み食いして悦に入っていた、あの愉快な老中である。

世間の下馬評は、阿部の後任は、松平康任だった。松平か内藤信敦のどちらかだろうが、内藤は京都所司代に任命されたばかりだから、というわけだ。そして輝延については、大坂城代を辞めているので、今回老中になることはありえない、と。

しかし、文政六年十一月十三日、老中に任命するため出府を要請する奉書が届いたのは、なんと輝延の所だったのである。先ごろ、ガックリしていた輝延の家臣はどんなにか喜んだことだろう。

その一方で忠成の家臣たちは意外な結果に驚き、忠成になぜ輝延に決まったのか、尋ねた。忠成は次のように述べた。

確かにほかの老中たちも世間の下馬評と同じく右京殿（輝延）はふさわしくないと考えていたので、そのことが妥当なのか、よくよく検討してみた。右京殿は寺社奉行を長く務めた上、再びの大坂城代も足かけ八年も大過なく務められ、そのために家が貧しくなり、困窮のため今のような状況になっている。多年の勤めの功績がある方を失うことは残念である。かつ右京殿は、御役御免の願を出すことを、不忠にも当たるのではと、躊躇していた様子が見えていた。私が、寺社奉行を勤めていた際の筆頭奉行であった方なので、その様子は見るに忍びなかった。内願して上から御役御免とはなったが、よんどころ無い理由だったのである。しかも父祖の勤めぶりも素晴らしく、今の京都所司代・大坂城代に比べてみれば、他の才知の人々よりも右京殿の愚直な志の方が、優れている。その上、今の老中はみな、右京殿よりも後に寺社奉行になった人々であるので、相応にその力で勤めるならば、御用の間が欠けることもないだろう。そのことを述べ、老中一同に意見を求めたところ、賛意を得ることができたので、この度の任命となったのだ。世間の者が迷うのも無理はない。老中でさえこの様なことだったのだから。

輝延の状況を正確に理解し、自身の寺社奉行時代の恩義に思いをはせ、父祖の働きや現職の老中との比較など、視野を広く持って検討し、他の老中の説得を成功させたのである。忠成のきめ細やかな観察眼と思慮深さが見えてくる。

権力の大きさと葛藤と

忠成が、強大な権力を持つようになったのは、勝手掛老中を務め、しかも西丸側用人を兼務することにより、表向にも奥にも権力を持ったことにある。本節では、忠成の実力のほどを、具体的に見ていきたい。

まずは、勝手掛の手腕について、見てみよう。

はじめに、対老中の事例から。文化七年（一八一〇）六月から西丸老中を務めている松平乗保とは、つぎのようなやりとりがあったという（「公徳弁」）。

乗保は、経済的に苦しく、拝借金や借財が膨大になり、非常に困窮していた。どうにか村替をと願い、勝手掛老中である忠成と複数回にわたり内談し、これにより拝借金願や村替願のうちの借財について書き出すようにということとなった。提出後、忠成が整理している中、乗保から、まだかまだかと度々催促があった。
それに対して、忠成は自分が西丸側用人時代の話をはじめた。自分が病気がちで、御名代の上使に命じられた際、たびたび本丸より助勤があるので、先例もあることから、側用人より助勤をするべきと、本丸老中の松平信明が対応したのにもかかわらず、西丸老中の乗保が、書類も作らず、そのほか色々と横暴な処理をされた、とのこと。そして、次のように言い放った。

気分も悪く、あなたのことなど取計らいたくもないが、恨みを晴らすのも筋ではないと思うので、それは我慢し、天道への務めであると公儀の事を思い、報いるに恩をもってと考えて、いろいろ努力をしているのです。それほどに催促をされても、公儀の都合もありますし、一つは、老中の我儘な計らいなどと下々から評判が立つのは、上への御恥辱となるので、今暫らくお待ちください。よく取計らいますから。

——快も不存罷在候に付、御自分之義御取扱申度も無之候得ども、宿意を可立筋無之と存、其事を忍び、天道へ之勤と公儀との事を思ひ、報ふに恩を以て可仕と存候故、色々と骨を折、工風仕なり、左程に御催促有之候而も、公儀之御操合も有之、一つは老職の我儘なる計ひなど、下々の

評判を蒙る時は、上の御恥辱なれば、今暫御待あれ、能《よき》に取計可進なり

忠成は、キレてしまった。どうも、西丸側用人時代に、当時から西丸老中であった乗保に嫌がらせをされていたようだ。西丸時代は、乗保の方が上の立場だったが、今はその逆となり、勝手掛老中である忠成に頼ることになったわけである。経済的な苦境のあせりからなのか、それとも以前からの習性で、文句を言ったのかはわからないが、忠成を急かしたようだ。両者の関係と忠成の発言に、忠成の持つ権力の大きさと葛藤が見えてくる。

このように、幕府の財政担当という幕政の要を握るということは、かなり気苦労を伴うものでもあった（「公徳弁」）。

忠成の努力により、新田開発も五十万石程も出来、貨幣改鋳を実施したことから幕府の金蔵も充実したため、若年寄の勝手掛が必要ないほどであった。ちなみに、以前の元文小判は金の含有比が六五・七一パーセントに対して、忠成の時代の文政小判は五六・四一パーセントである。そして、交換比率を対等に定めたため、幕府はその出目（改鋳による益金）を財源とすることができた。それは、総額五五〇万両になったといい、贋

金作りの犯人から贋金呼ばわりされたというエピソード（『甲子夜話』巻二）まで残っている（藤田覚『近代の胎動』）。

ちなみにこれらの改鋳の実動部隊は、金座御金改役の後藤光亨《みつみち》であった。忠成の次の当主の忠義が、幕府に江戸城の普請費用一万両や、西丸修復費用の一万両の上納などを命じられていたことから、実際は苦しみながらの上納であったにもかかわらず、世間には貯蓄が相当あるように噂された。そのため後藤に、文政の改鋳のときにさぞ賄賂を贈ったであろう、と聞いた幕臣があったという（『藩秘録』）。これは、ある意味当然の疑いで、後藤はこの仕事を担当したことで、かなり儲けていたことが世に知られていたからである。しかし、後藤は賄賂は一切贈っていないと答えている。なおも質問者が食い下がると、忠成が受け取らないので、忠成の家臣の土方縫殿助に贈ろうとしたが、金銀はもちろん下仁田ネギの一束も受け取ってもらえなかったと語り、最終的には当時の金銀出納簿まで持ち出して説明したという。それによると、他の権門家には若干の賄賂や金を貸したことはあったものの、水野家にはなく、聞いた幕臣は大いに驚いたとか。このように後世に悪いイメージがあることからもわかるように、当時も忠成についての悪評は絶えなかったようだ。

つまり、これらの忠成の実績を妬んで、様々な悪評を広める者が多く、「何か落ち度はないか」と忠成の失敗を待っている者がいるとの噂が絶えなかったのである。そこで、もはや自分が勝手掛から退いても、幕府財政は問題ないとの思いから、一度ならず、御役御免を将軍家斉に申し出たという。さすがの忠成も職務を続けていくことをためらうほど、精神的にきつかったのか。それともこのままでは家斉の評判にまで影響すると心配したのだろうか。あるいは内心辞める気はないものの、殊勝な姿勢を示しただけだったのか。

家斉は忠成を呼び、悪く言う者がいることは承知しているが、実績を評価していること。今後も、精いっぱい努めてほしいこと。これからも色々と悪評は耳に入るだろうが、聞いておくだけ、あるいは聞き流しておくし、疑問があれば直接訪ねるので、不調法の筋は決してないので、くれぐれもそのつもりで今暫く勤めてくれ、と述べた。

忠成の経済政策の成功に対する周囲の妬みは、家斉の耳に届くほどだったが、それをものともしないほど忠成を信頼していたことがわかる。忠成の家臣は、このような上意は前例の無いもので、家斉は「御如才の無き賢君」だと述べている。

さて家斉は、忠成の功績に対し、文政四年（一八二一）十一月十一日と同十二年十二月十六日にそれぞれ一万石ずつ加増した。その際忠成は、勝手掛の立場にある者が、加増されるのはいかがなものかと、返納を申し出たが、功績による加増なのだから、そのままにするようにとの上意があった。そこで忠成は、日光御宮の修復費用にと一万石を上納したという。すると家斉は、手ずから刀を下賜しただけでなく、家老の土方縫殿助をはじめとする忠成の家臣たちにも拝領品を与えた。加えて、忠成と嫡男忠義に対しても、虎皮や象牙が使用され、紋が付いた馬具類を与え、普段から使用するように命じた。忠成は、次のように述べたという。

羨ましさのあまり、また事実でないことをいろいろ言う者がいるだろうが、この時期にこの様になれば、未来永劫の家格になるので、誰が何と言おうと、少しも構うことではない。

——羨人の曲にて又色々の事を申ものも有之候処、此時節に此様に成りて有れば、永々の家格に相成間、誰れが何といふとも少も搆事にはあらず

ガタガタ言う人はいくらでも出てくるだろう。しかし、ここで家格が改まれば、それ

は一生もの。気にする必要はない。非常に合理的な発想と言うべきか、一筋縄ではいかない忠成のしたたかさ、と見るべきだろうか。

忠友の時代に水野家の失った格の多くは取り戻され、単に忠成はそれを盤石なものにしただけのような印象があるかもしれないが、そういう訳ではなかった。忠成自身も、もとの水野家の姿を取り戻そうとする積極的な意識があったのである。

次のような出来事があったという（「公徳弁」）。

文政十一年八月、水野の浜町中屋敷の隣の岩村藩主松平乗美《のりよし》の下屋敷の四八〇〇坪と、水野家の山伏井戸添地の九〇〇坪が、松平家の希望により、相対替《あいたいがえ》となった。差の分は、松平家の意向の通り、引料として八〇〇〇両支払うこととなった。水野家の勘定奉行中山三左衛門らが、それではあまりに高いと忠成に申し入れたところ、忠成は、代金には構わず、先方が替えたいと言った時に替えることが専要で、もし国持大名の手に入った場合には、譲ってもらうことは不可能になるとし、続けて次のように述べた。

特に、旧地などは少しずつでも取り戻すことが、先祖への孝行である。家がつぶれ、土地を失ったのを（享保十年〈一七二五〉に改易となったことを指す〈第一章〉）、今、徐々に結構になり、次第に元通りになってきているため、屋敷等も以前に戻そうとするわけである。

――殊に旧地などは少し宛にても取戻し置事、先祖へ之孝行なり、家潰れ地減したるを、今追々結構に相成候而、次第に復し来る故に、屋敷抔も旧復する訳なり

このことについて、「公徳弁」の筆者である水野家家臣の感想が興味深い。忠成が、御手許金のすべてを出されたことを考えると、実にありがたい。このような大金を酒食淫奔に費やす大名の家臣は、その時々の扶持も貰えないことがとても多い中において、このようなお考えを「身に染る程」ありがたく思わなければ、罰が当たる、と。無駄遣いをして、家臣の給与を滞らせる大名が多くいたということか。

忠成が、先祖の土地を手に入れることを一番に考え、交渉せずに相手の意向のまま話を進めるやり方は、徹底していた。水野家の山伏井戸添地の長屋は前年建設したばかりだったが、それについても、惜しがって松平家と交渉したがる勘定奉行にそれを禁じ、先方の意向のままに、と指示したのである。結局、引料は二〇〇両の値引きとなった。

その後忠成は、城中で松平乗美の伯父である幕府の儒者林述斎から、速やかな対応と、

乗美をはじめ家臣や領民まで助かったと、丁重に御礼を言われている。この様子から、松平家は、経済的に切羽詰った事態に陥っていたのだろう。屋敷に帰った忠成は、家臣に「地所は末代迄也、金は忽ちなくなるべし」と述べて、笑っていたという。

なお、松平乗美の屋敷であった四八〇〇坪には、御預地が四〇〇〇坪余含まれていたが、それも拝領することができた。新しく普請が出来上がると、忠成は御取次衆を招待して、拝領できたことを非常に感謝していると、よくよく将軍家斉に伝えてほしいと、銘々に御礼を述べていたという。それを見ていた忠成の家臣は、先祖の屋敷地を取り戻せたことに、格別の思い入れがあったのだろう、と感想を述べている。素直に捉えるとそうなのかもしれないが、主導権を持たせることにより、おカネに困っている相手を逆に追い込んでいるようにも見え、拝領地について御側御用取次を通して、熱心に将軍への御礼を伝えさせていることからも、うまく立ち回るあざとさを感じてしまうのだが。

そして、もう一つの忠成の大きな権力の源である、西丸側用人との兼帯について見て行こう。文政七年四月八日に誕生した家斉の孫家祥《いえさき》（のちの十三代将軍家定）に関する次のようなエピソードがある（「公徳弁」）。

家祥は、御宮参りが一年延期になった。その理由というのが、輿に乗るのが嫌いだったからだという。日々庭で輿に乗せても泣いてしまう。これでは御宮参りができないと、祖父家斉、父家慶も色々と気を揉んだ。そこで相談に与ったのが西丸側用人でもある忠成であった。忠成は延期を提案した。

もし御機嫌にさわり、ひきつけなど起こしてしまっては、みなが困ってしまいます。すみやかに延期されるべきです。

——若御気色ニ障り、御虫気に而も被為入候而は、諸家之失墜難渋には難替、速に御延引可然

一年後、歳も一つ取ったからだろう。家祥は何の問題もなく駕籠にのり、無事御宮参りも済ませることができた。延期、とはありふれた提案だったような気もするが、実施することを前提に考えていた祖父家斉、父家慶には、盲点だったのかもしれない。忠成案、大正解。

輿に乗ることがいやで泣いてしまう未来の将軍が、何ともほほえましい。現将軍も次期将軍も、単なる一人の祖父であり父親。我が孫・我が子が心配で、おろおろして忠成に相談する所にも親近感が湧いてくる。忠成の冷静な提案の結果、翌年、未来の将軍は

ケロッとして駕籠に乗ってしまうのだ。将軍家のごくプライベートな所に関わる様子から、忠成がいかに将軍家に信頼される存在だったかがわかる。

このような立場だからこそ忠成が関わった一大プロジェクトが、第四章で言及した、

徳川家斉子女の縁組先一覧

生順	名前	生年	縁組先
1	淑姫	寛政 1	徳川斉朝（尾張）
4	家慶	5	十二代将軍
6	敬之助	7	徳川宗睦（尾張）
7	敦之助	8	（清水屋敷住居）
8	綾姫	8	伊達政千代（仙台）
13	峯姫	12	徳川斉脩（水戸）
15	斉順	享和 1	（清水屋敷住居）、徳川治宝（紀伊）
21	浅姫	3	松平斉承（越前）
23	虎千代	文化 3	徳川治宝（紀伊）
26	元姫	5	松平容衆（会津）
28	文姫	6	松平頼胤（高松）
29	斉明	6	（清水屋敷住居）
30	斉荘	7	田安斉匡、徳川斉温（尾張）
32	盛姫	8	鍋島直正（佐賀）
33	斉衆	9	池田斉稷（鳥取）
34	和姫	10	毛利斉広（長州）
36	溶姫	10	前田斉泰（加賀）
38	斉民	11	松平斉孝（津山）
43	末姫	14	浅野斉粛（広島）
45	喜代姫	文政 1	酒井忠学（姫路）
46	永姫	2	一橋斉位（御三卿）
47	斉温	2	徳川斉朝（尾張）
48	斉良	2	松平武厚（館林）
49	斉彊	3	（清水屋敷住居）
50	斉善	3	松平斉承（越前）
51	斉裕	4	蜂須賀斉昌（徳島）
53	斉省	6	松平矩典（川越）
54	斉宣	8	松平直韶（明石）
55	泰姫	10	池田斉訓（鳥取）

（『徳川諸家系譜』一により作成）

家斉の多数の子女の行き先を手配する仕事だったのである。

そして、縁組がまとまったらそれで終わりではなく、その後の家の問題についても忠成は、関わることになる。水戸藩の事例から、具体的に見ていこう（「公徳弁」）。

水戸藩主徳川斉脩《なりのぶ》は、家斉の十三子峯姫を正室に迎えた。しかし、二人の間に子が授かることはなかった。そこで、斉脩の弟の敬三郎が控となっていた。しかし斉脩が逝去後、家臣の榊原淡路守という者が来て、敬三郎殿は耳が遠いので、「清水右衛門督斉恭」を養子にしたいと、再三にわたり申し入れてきたのである。それに対して、忠成は、「血脈」が大切で、耳が遠いから家督が継げないことはないので、ぜひ敬三郎を養子にするべきと回答し、そのようになった。しかしよこしまな者たちが、どうにかして忠成の落ち度にしようと、敬三郎へ違う話を吹き込んだ。つまり、忠成が右衛門督を養子にしようとしており、敬三郎は、老中の青山忠裕の計らいで養子になることができたのだ、と。「清水右衛門督斉恭」が、徳川斉彊であるとすれば、家斉の四十九子であり、忠成の仕業とするのはいかにも、もっともらしい。

「公徳弁」の筆者の知り合いに敬三郎の師範である儒学者の立原甚太郎という者がいたので、この件を何回も正した。しかし、それでも理解されなかったようで、先代までは、すべて忠成を頼りとし、すでに七万両の拝領金を棒引きにし、峯姫には一生毎年二万両ずつ渡し、火事で被災した際には定例の二万両のほかに三万両の拝借金まで手配したのに、まずは榊原を在所に押し込め、これまでの役人をすべて隠居にし、代替わりの後には、青山へ相談を持ち掛けるようになった。しかし、忠成が気にも留めていなかった所、何を思ったか、また側用人を通して、すべてを忠成に相談するようになったとのこと。

詳細な事情はわからないが、少なくとも水戸家では、一時期でも敬三郎の養子話を忠成が妨害した話が信じられていたわけで、その誤解が解けたのか、はたまた他の老中が幕府への窓口では、忠成の時よりことが滞る場合があったのか、水戸家側は以前と同様の忠成を頼りにするやり方に、勝手に戻してきたわけである。それに何食わぬ顔で、付き合わなければならない忠成の立場は、なかなか大変である。

つまり家臣たちは、大きな権力を握り、活躍する忠成を誇らしく思い、その主君への御奉公に励みながらも、その権力についての悪評を耳にし、胸を痛め、歯を食いしばることが数々あったわけだ。

そのような中、家臣たちは忠成の死後、その実力を確認することになる。権職から離れると、訪ねて来る者は少なくなるというのが、古今東西の例であるが、忠成の場合は、その死後も、墓所に花や線香が供えられることが間々あったという。加えて、「藩秘録」の筆者が、天保九年（一八三八）に沼津と三河に派遣された際には、道中で「沼津様、沼津様」ともてなされて感激し、忠成が生前、いかに素晴らしい振る舞いをされていたのかと思いをはせている。

このように見ていくと、家臣たちの記録の端々から、大きな権力を握っているからこそにじみ出てくる悪評を粛々と引き受け、時には、それを右から左に受け流し、常に合理的に振舞う、頼もしげな忠成の人物像が浮かび上がってくる。

何しろ、彼のキャリアのスタートは、男児まで成していた最初の養子先を出て、本家のやはり離縁したばかりの娘の所に婿養子に迎えられる、というものであり、かなり割り切った考え、タフな精神力を持っていなければ、受け止めきれない状況にあり、そうでなければ、その後の活躍につながらなかったのではないかと思われる。「せつなさ」の忠友に対して、「したたかさ」の忠成、というところだろうか。

そして、その忠成の持つ底知れぬ力の源は、実は、水野家の血を引いていないところにあるのかもしれない。

忠友と忠成は、立場が違うのだ。忠友は、生まれながらの水野家の御曹司で、御家再興の使命は、若くして亡くなった父親のために、早くに背負わされることになった。そこには、運命づけられた「せつなさ」がある。

一方の忠成は、三〇〇〇石の旗本岡野知暁の次男として生まれ、そこには、老中への足掛かりは無かった。しかし、分家の水野家に婿養子に入り、頭角を現したことにより、本家の水野家に迎え入れられたのである。忠成のたどった道は、忠友の婿養子になったことにより、確かに忠友から受け継いだ水野家を盤石にするための使命を負い、踏みしめる道ではあったが、それと同時に、新しい運命が開けた一人の男が、野心を燃やしながら進む出世街道でもあったのである。生まれながらの水野家当主ではない男は、その能力を発揮するのに、タフでなければならず、時にあざとく、時にしたたかに、振舞ったのだ。

だからこそ忠成は、悪評を受け続けなければならなかった。将軍家斉を屋敷に招き「今柳沢」と呼ばれ、賄賂の取り様で「田沼の再来」と見なされた根幹には、彼らと共通する「成り上がり」の底知れぬ力があった。第四章でみた悪徳政治家のイメージが、本章で分析した家臣たちの史料で完全に引っくり返される、とはならなかった要因はそこにある。

しかしそうは言っても、忠成は、現代人からみても大いに理解できるような、時代を読み、合理的、現実的な判断をして事に当たる有能な老中であり、決して単なるあくどい汚職政治家という評価で片づけられる存在ではなかった点には、目を向ける必要があるだろう。

エピローグ

徳川斉昭の怒り

天保元年（一八三〇）十月十八日。水戸藩主徳川斉昭が、老中大久保忠真に書状を送った（藤田覚『水野忠邦』、「水戸藩史料　別記巻二」）。これは、斉昭が幕政に口を挟む初めてであったという。

この二人は、本書の中で、これまでにも登場している。

斉昭は、幕末の活躍ぶりが有名な水戸藩主である。彼こそが第五章で、忠成に跡継ぎになることを妨害されたと周囲に吹き込まれた「敬三郎」その人である。そして、大久保忠真は、第四章で忠成と対照的な謹厳実直な老中として登場し、弁当を盗み食いした同僚をユーモアたっぷりに返り討ちにしていた。

彼らの間に何があったのか。

斉昭は、怒っていた。

老中水野忠成が政をつかさどり、将軍の上意に迎合し、特別に目を掛けられて絆を強くし、下の者に対しては、恩を売り官をも売ることに満足していない。そして、媚びへつらい、賄賂を贈る風潮を自ら作り出したため、文政の末には政治の大綱が大いに緩み、災いの兆しがすでに見えている、と。

自らは御三家の立場であり、将軍を補佐し現状を挽回しなければならないが、すぐには難しい。そこで目を付けたのが、斉昭から見て、現在の幕閣で「器識」(器量と見識)があると考えられる大久保忠真であった。斉昭は大久保に、天明八年(一七八八)十一月一日に、上意として松平定信から申し渡された「老中心得十九ケ条」を根拠に、忠成の罪をただすべきだ、と迫った。斉昭が具体的に示したのが、第十五条と十六条で、忠成の問題点は特にここに見られるというわけである。原文とともに、見ていこう。


【第十五条】
一、権勢を自分のものとし、善悪は自らの考えのままとして、全く話し合いをせず、自分だけで決断し、自らが知恵があるとして他人を見下し、下からの申し出については、弁舌、威勢や権力で黙らせ、下との智恵を比べて下の才能を引き立てないようなことはしてはならない。同役や威権のある者を畏れて、本心を隠すこともしてはならない。

――一、権柄我尓帰し、善悪わが心のま〻尓致し、かつて衆評をとげす、一己尓決断し、己智ありとて人を見下し、下より申出候儀ハ弁舌威権を以、言上の舌を縮め、下と智恵をくらべ候而、下之才を引立不申事致すまじく候、同役並威権有之者を恐候て心底を残し候儀、是亦致すまじき事

【第十六条】

一、自分より優れている者を取り立て、良い人が役を得るようにするのが、第一である。諸役人の進退等もあくまで心を配り、すべての面で正義に従うべきである。しかし、吟味や評議も行わず、あるいは一存で決定し、または親類であるために古くからの関係で役職を互いに取り持つようなこと、賄賂等の関係で用いること、または自分の都合のよいことに味方し、重役の心にまかせ、時勢に媚びるようなものを用い、その上重役へも考えを述べるような器量があるものや、武辺を心掛ける者、

正道を守る者等を無礼で不作法、あるいは愚鈍のように申し、正しい人の進むべき道を塞ぐようなことは、重職の者がするべきでないのは勿論である。

――一、我尓まさりしものを挙用ひ、宜き人その御役を得候様いたし候事第一尓候、諸御役人の進退等もあくまで心を用ひ万つ公道尓したがひ可申事、然ル所、吟味評議等もとけす、或ハ一存尓決し、又ハ親類故旧の由を以て同役互尓取持候類ひ、又賄賂等之筋尓而取用、又ハ己之勝手宜き荷担致すべきを揚げ、重役の心尓まかせ、時勢尓媚び候類ひを取用ひ、其上重役へも存寄申述候器量有之もの、又ハ武辺心掛ケ申候者、又ハ正道相守り申候者等をバ不礼武骨、又ハ愚鈍の旨申之、正人之可進道を塞ぎ候類ひ、重職の有之まじき事勿論之儀尓候

そして斉昭は、忠成を「内貪《うちどん》。外廉《そとれん》」と表現し、弾劾する。

つまり、外には清く潔白な顔を見せているが、その中身は貪欲な人物だ、と。賄賂をはじめ、すべての点で田沼の不正を上回っている。若年寄や側衆や勘定奉行も忠成の一党であり、根を断てば枝葉は自ら枯れて行くのだから、すぐに忠成を厳しく処分すべきであり、それは忠成の家老である土方縫殿助も同様である、という。そして、大久保に忠成の排除を強く働きかけたのである。

ここに家老の土方の名も挙がっていることが注目される。なお、斉昭のいう若年寄は、家斉の小納戸から小姓、側衆を経て奥兼帯勝手掛若年寄に就任した林忠英、側衆は、同じく家斉の小納戸、小姓を経て、御側御用取次となった、水野忠篤《ただあつ》のことである。この二人は、小納戸頭取の美濃部茂育《もちなる》と合わせて、後に「三佞人」と呼ばれることになる。

大久保忠真の当惑

大久保は、途方にくれた。それは無理だ……と。

彼の返書によると、まず、巷に出回っている忠成についての話の中には、「無跡形事《あとかたもなきこと》」も含まれており、時には耳を驚かし、愕然とするようなこともあるのだ、という。斉昭が耳にしていることには、事実ではないことも含まれているのだ、と。忠成と直接仕事を共にしているわけではない水戸藩主には、噂レベルでの情報が多かったであろうし、第五章の、忠成に跡継ぎになることを妨害されたと周囲に吹き込まれたエピソードが事実であれば、初めから偏見もあったことだろう。

そして大久保は、忠成について、次のように述べる。

もともと小身から出世して、今日に至っているために、世の中の事を非常によく知っており、身分の高いものから低いものまで、手の届かないところはないために、こちらが簡単に悪事の証拠を掴むようなことはできないのです。

——元来小身より経歴仕、今日尓至り候事故、世の中の事甚巧者尓て尊卑押通し手の届き申さぬ処ハ無之候間、たやすく証拠を取り候程尓ハ参り兼可申

また、斉昭の言葉を受けて、以下の様にも言う。

「内貪外廉云々」というのは、おっしゃる通りではありますが、思いのほかに、考えが綿密で智恵もあるため、油断なく用心しており、かつ申すことは、前からずっと一つ一つ覚悟があり、すべてが緻密であるので、中々容易には手を下すことは難しく、下手に事を企てれば、かえってその威力を倍増させてしまうことになります。

——内貪外廉云々ハ御評之通ながら、存外尓深密なる智慮も有之候間、無油断用心いたし、且申披ハ、兼而一々覚悟有之、悉尓被密《(ママ)》候尓付、中々容易尓手を下し候事六ケ敷、下手尓事を企候ハゞ、却而其火之燃を一倍いたす如く可相成

忠成の伸し上がってくる間に培った俗世間における知恵は、多岐にわたるばかりか緻密でもあり、酸いも甘いも嚙み分け、清濁併せのむような人物、ということだろう。大久保のような、生まれながらの譜代大名、いわゆる世間知らずのボンボンは、太刀打ちできないと言いたいようだ。

しかも、忠成が「一人専ら万事を措置」している状態で、同じ老中とは言いながら、自らは「外任之者」のような立場である、とも述べる。忠成が、幕政の仕事をすべて一手に握っており、ほかの老中は名ばかりということか。奥と勝手掛とを兼ねる老中の権力の莫大さがよくわかる。

また、元禄のころの「柳氏」つまりは、柳沢吉保と比べ、吉保は心中をはかり知ることはできないこともあったが、現在はいたって単純だとも。つまりは、単に将軍の寵愛を得てその立場を保ち、人を思いのままに従わせ、すべてを自由にし、暗に利益を求め、おのれの栄華を極める様子が見えている、と。

そして、正しい人物を讒言により遠ざけ、愚昧で御しやすい者を抜擢して久しいので、このままでは幕府は人材が払底してしまうだろう、とも述べている。

このような手も足も出ない状況が、もし好転するとすれば……。

上様が、出羽守（忠成）に対し、御疑いを持つようになった時か、出羽守自らが、この栄華に対して悔恨の思いを持つようにならなければ、それとなくいさめることも難しいと考えます。

——雲の上之御疑を萌し候時至り候か、又ハ自ら亢龍之悔至り不申候而ハ諷諫も難入事尓御座候

将軍家斉か本人が気付かなければ無理、というわけだ。

そして、一朝一夕の寵愛ではないのだから、根本の原因を解くことは最も難しいことで、「城狐社鼠（将軍側の奸臣）」に対して、正面から挑むことは得策ではなく、相互の権力を争わせるような事態ではじめて事は動くのではないか。しかし、それを下から仕掛ければ、その時々の状況により一度同心していた者が離反することもあり、成り行きは読めない。いずれにせよ天から事が起こらない限りは、成功はおぼつかない、と。どうにもならないので、ただただため息が出るばかり（「長大息仕候」）、と大久保は述べる。

これを受けて、斉昭も主張を引っ込め、機会を待ったという。

ともに老中を務め、身近に接した大久保が語る、忠成の姿がそこにある。

忠成の摑んだもの

第四章の『想古録』で描かれた忠成と大久保の関係は、氷と炭、火と水のように相容れなかったが、忠成が筆頭老中であるだけでなく、家斉の寵愛が深かったので、その権勢に大久保がかなうはずもなく、忠成が大久保の意見をこなごなに打ち砕いた、というものだった。確かに、筆頭老中かつ将軍の寵愛という、圧倒的権力に抗えなかったことは、大久保の手紙からもよく読み取れる。

しかし、忠成に太刀打ちできなかった理由はそれだけではないことを、藤田覚氏は指摘している（藤田覚『水野忠邦』）。他の理由を語っていたのは、大坂町奉行東組与力だった陽明学者の大塩平八郎である。

大塩は、忠成の死後である天保八年（一八三七）二月十九日に、飢饉の中大坂で、幕政を批判し弟子たちと蜂起し、大塩平八郎の乱を起こした。その際、老中全員宛の幕府政治を糾弾する「建議書」の中に、彼が文政十二年（一八二九）から十三年にかけて調査した、上方での不正無尽のことが記されている。

「無尽」とは「無尽講」ともいい、『日本国語大辞典』第二版（小学館）によると「相互に金銭を融通しあう目的で組織された講。世話人の募集に応じて、講の成員となった者が、一定の掛金を持ち寄って定期的に集会を催し、抽籤（ちゅうせん）や入札などの方法で、順番に各回の掛金の給付を受ける庶民金融の組織」とあり、江戸時代に最も盛んであったとされる。「庶民金融の組織」とある。実は無尽は、幕府法で禁止されており、百姓・町人身分の者にとっては合法だが、そもそも武家にとっては違法だったのである。かつ、賭博性が強いものについては不正とされ、庶民も咎めを受けた。

大塩ら大坂町奉行所の調査によると、文化十二年（一八一五）から同十五年に京都所司代を務めた大久保をはじめ、文政元年から五年まで京都所司代でのち老中となった松平乗寛、同九年から十一年まで大坂城代、天保二年まで京都所司代、その後老中となった松平宗発《むねあきら》、文政八年から九年まで大坂城代、十一年まで京都所司代、その後老中となった水野忠邦が、不正無尽に関わっていたという。

あの謹厳実直な印象の大久保まで……。意外に感じられた読者の方もおられるかもしれない。別に老中たちがこぞって上方の不正無尽に手を染めたのは、私利私欲による金の亡者だったからではない。違法とわかっていて手を染めなければ成り立たないほど、この時代の大名財政は破綻していたのである。

そして、この調査を指揮したのは大塩の上司である大坂町奉行高井実徳であるが、もとをただせば、その調査を命じたのは、当時の老中水野忠成であったと考えられている。この事件は、当然表沙汰にされることはなく、内々に処理された。

忠成と同時期に老中職にあった者たちは、忠成に不正を摑まれた上に、見逃してもらっていたのである。しかも、その不正は確かに幕府法を犯すものではあるが、止むにやまれぬ藩の懐具合からの不法行為であった。どうにもならなかった苦渋の行為だったのである。そんな痛い所を忠成に握られたわけだ。

お金の問題で、すねに疵《きず》持つ老中ばかり。だれも忠成の政治姿勢に面と向かって反論できる者はいなかった、といえよう。その忸怩たる思い。忠成の悪徳政治家像は、第四章でみた儒学者だけでなく、同時代を生きた老中たちの思いからも作り出されていたといえるだろう。

忠成と対照的な「清く、正しく」といったイメージで『想古録』で描かれた大久保も、実際はこの時代が故に、清廉ではいられなかったのである。このことを頭において、大久保の「小身から伸し上がってくる間に培った俗世間における知恵は、多岐にわたるばかりか緻密でもあり、酸いも甘いも嚙み分け、清濁併せのむような」という忠成評を読みなおすと、悔しさやあきらめの思いがにじみ出ているような印象を受ける。家康の配下として活躍した大久保忠世をはじめとし、老中・若年寄が輩出する家に生まれた「名門」の忠真が、水野家の当主ではあるが、実際は旗本岡野家の生まれで、二度の養子入りを経たからこそ、現在の位置を手にしている忠成を、皮肉交じりに評しているようでもある。プロローグで、菩提寺の発掘により、忠成が、象牙製の総入れ歯を使用していたことを紹介したが、その頭蓋骨については、忠友が武家らしい高顔型なのに対して、忠成は庶民並の中顔型であったことが、明らかになっている（鈴木尚『骨は語る　徳川将軍・大名家の人びと』）。外見も庶民的だったようだ。

譜代大名の家に生まれたわけではないにもかかわらず、偶然の積み重ねで政治権力を握る地位に就き、将軍の寵愛を受け、その立場を確固たるものにした。忠成が、「今柳沢」と呼ばれ、田沼意次の再来とされ、悪徳政治家の系譜に名を連ねたのは、いわば当然の結果だったといえるかもしれない。

享保十年（一七二五）七月二十八日に起きた松之廊下刃傷事件で、譜代大名から旗本へ転落した水野家。

その立て直しに生涯を捧げることになった水野家の二人の当主。生まれながらの宿命を負った水野家の御曹司忠友と、婿養子に入り使命を持たされた忠成。そんな立場の異なる二人に共通したのは、水野家を思う強い気持ちと、心の支えであり、力の源であった将軍の存在だったのである。

あとがき

ようやく、水野忠友・忠成のところまで、たどり着いた。

それが、本書を書き上げたあと、最初に思ったことだった。

私は、歴史を紡ぎ出す「人」にこだわって、日本近世史を研究している。政治構造の基盤である「人」。それぞれの人間像や人間関係から、江戸時代の政治世界を多角的に分析する「人」の内面に切り込む政治史研究を目指している。

今回の「人」は、水野忠友・忠成。彼らについては、江戸時代全体から徳川幕府の政治史を見通すことができる存在として、「将軍側近」を研究テーマに据え、三代将軍家光の側近から研究をスタートさせた学生時代から、いずれは分析したい存在として、思い続けてきた。

私の新潮新書第一作は、『将軍側近　柳沢吉保――いかにして悪名は作られたか』（二〇一一年）である。文芸作品の中で、典型的な悪役として描かれる五代将軍徳川綱吉の側近、柳沢吉保の実像と、悪役イメージが生み出された構造を明らかにした。

この吉保は、本書でも忠成と重ね合わせられることで、度々登場した。そこに、江戸時代後期に、すっかり史実と離れて、「柳沢吉保のような人＝悪徳政治家」という、いわゆる悪徳政治家の「見立て」に完全に変化を遂げている吉保の姿を、具体的に見て取ることができた。

第二作は、『将軍と側近――室鳩巣の手紙を読む』（二〇一四年）。儒学者室鳩巣の眼を通した定点観察から、六代家宣から八代吉宗の時代において、将軍との人間関係を基盤とし、将軍が替われば政治の表舞台を去る「将軍側近」と、政権が替わろうとも幕府官僚としてトップに居続ける「老中」とのせめぎ合いから、幕府政治の本質に迫った。

そして、実は本書も、隠れたテーマは、将軍側近と幕府官僚であった。八代吉宗から十一代家斉までの時代を駆け抜けた江戸時代後期の代表的な将軍側近でありながら、老中も兼ねた水野忠友・忠成が、主人公なのだから。

この新潮新書三作で、徳川幕府中後期の将軍側近と幕府官僚を通した江戸時代の政治世界を見通す「三部作」になったような気もしている。

また本書は、名門の没落からの復活のストーリーでもあった。その始まりは、「忠臣蔵」ではない方の享保の「松之廊下刃傷事件」。何だかワクワクしながら史料と向き合った。

そして、家格復活への道は、『名門譜代大名・酒井忠挙の奮闘』（角川学芸出版、二〇〇九年）で描いた、四代家綱の大老酒井忠清が五代綱吉政権で事実上失脚したことにより、家格を下げた酒井雅楽頭家の復活に奮闘した、忠清の嫡男、前橋藩主酒井忠挙の姿に重なった。しかし、没落を目の当たりにした名門御曹司の忠挙と違い、忠友は、生まれた時はすでに没落した後の旗本であった。その代わり、御家再興は、生まれながらに背負った使命であったといえる。忠成に至っては、元をただせば水野家一族ではない旗本の次男坊で、水野家に養子に入った人物という点で、成り上がりであり、その姿は、柳沢吉保や田沼意次に重ね合わされたのである。

また、忠挙のような本人の手によるプライベートな内容を含む書状などが、管見の限り現存していない忠友・忠成について、その人物像に迫ることは、非常に難しかった。本書では、ひたすら、家臣や政敵、同時代を生きた大名などの周辺の人々や、庶民の噂、儒学者たちなどが残した史料を丹念に見ていくことで、その実像を明らかにすることを試みた。そのような中、酒井雅楽頭家の御家再興の最終段階に忠成が関わっていたことには、著者として何とも言えない縁を感じている。

本書も、完成までに多くの方々の御助力を得た。各史料所蔵機関の方々には、閲覧に際して御配慮をいただいた。また、かねさは歴史の会（横浜市金沢区）の皆様は、忠友・忠成に関する一連の講演を聞いて下さった。そして、新潮社の内田浩平氏には、いつもの様に、大変お世話になった。
また、本書は、平成二十八～三十一年度科学研究費　基盤研究Ｃ「将軍側近と幕府官僚の関係に見る徳川幕府の政治権力」（ＪＳＰＳ科研費　ＪＰ１６Ｋ０３０５０）の研究成果の一部でもある。
関係する諸機関、皆様、ありがとうございました。

二〇一八年一月吉日

福留　真紀

主要参考文献

◆史料

「水野家史料」（早稲田大学所蔵）。

「土方本松本記」「御持退本松本記」「松本御代記」「御代々略記」「修徳院様御行状雑記」「御家中興記」

「享保安永間記」「忠成日記書抜」

「水野忠友側日記」「水野忠成側日記」（東京大学史料編纂所所蔵）。

「松平周防守康福日記」（首都大学東京図書館所蔵「水野家文書」）。

『酒井家史料』（前橋市立図書館所蔵）。

「世説海談」（国立公文書館所蔵）。

岡谷繁実「星岡史話」（東京大学史料編纂所所蔵）。

「沼津略記」（沼津市史編さん委員会編『沼津市史　史料編　近世1』沼津市、一九九三年）。

北島正元校訂『丕揚録・公徳辨・藩秘録』近藤出版社、一九七一年。

山田三川著・小出昌洋編『想古録』平凡社、一九九八年。

「水戸藩史料　別記巻二」（『水戸藩史料　別記上』吉川弘文館、一九一五年）。

松浦静山著、中村幸彦・中野三敏校訂『甲子夜話　一・三』『甲子夜話　続篇』平凡社、一九七七・八〇年。

「よしの冊子」（森銑三ほか編『随筆百花苑』八・九、中央公論社、一九八〇〜八一年）。

根岸鎮衛著・鈴木棠三編注『耳袋』平凡社、一九七二年。

松平定信著・松平定光校訂『宇下人言・修行録』岩波書店、一九四二年。

荻生徂徠著・辻達也校注『政談』岩波書店、一九八七年。

十返舎一九作・麻生磯次校注『東海道中膝栗毛㊤』岩波書店、二〇一四年。

侯爵前田家編輯部『加賀藩史料』第十四編、一九四一年。

学海余滴研究会編『学海余滴』笠間書院、二〇〇六年。

永積洋子訳『ドゥーフ日本回想録』雄松堂出版、二〇〇三年。

『通航一覧』第六、国書刊行会、一九一三年。

「有徳院殿御実紀」「浚明院殿御実紀」「文恭院殿御実紀」（黒板勝美編『徳川実紀』第九・十篇、『続徳川実紀』第一篇、吉川弘文館、一九九九年）。

『新訂　寛政重修諸家譜』続群書類従完成会、一九六四〜六七年。

◆**参考文献**

荒木裕行『近世中後期の藩と幕府』東京大学出版会、二〇一七年。

石井道彦編『譜代大名水野家の物語――真珠院開基忠清家系を中心として』真珠院、二〇〇四年。

氏家幹人『古文書に見る江戸犯罪考』祥伝社、二〇一六年。

氏家幹人『続・幕臣伝説』第十六回「殿中でござる」（洋泉社歴史総合サイトホームページ、歴史REAL WEB、二〇一六年一月七日）。

大口喜六『国史上より観たる豊橋地方』豊橋市史談刊行会、一九三七年。

大口勇次郎「文化・文政時代」（児玉幸多ほか編『幕藩体制の展開と動揺（下）日本歴史大系〔普及版〕十一』第一章、山川出版社、一九九六年）。

岡崎寛徳「御鷹掛若年寄『水野忠成側日記』に見る鷹と鷹狩」『大倉山論集』四六、二〇〇〇年。

岡野智子「東京国立博物館保管　酒井抱一筆『夏秋草図屏風』の成立とその背景」『MUSEUM（東京国立博物館研究誌）』四九二、一九九二年。

金井圓「沼津藩水野家における家史編纂――早稲田大学所蔵「水野家史料」の解題――」（『信濃』十ノ四、一九五八年）。

金井圓「元禄期松本藩水野家の規式大概――早稲田大学図書館所蔵水野家記録の紹介――」（『風俗』第五巻第一号、一九六五年）。

白幡洋三郎『大名庭園――江戸の饗宴』講談社、一九九七年。

鈴木尚『骨は語る　徳川将軍・大名家の人びと』東京大学出版会、一九八五年。

高木傭太郎「尾張藩と水野氏」（岸野俊彦編『尾張藩社会の総合研究《第二篇》』清文堂出版、二〇〇四年。

谷本晃久『近藤重蔵と近藤富蔵――寛政改革の光と影』山川出版社、二〇一四年。

『東京大学史料編纂所報』第十号、一九七五年。

沼津郷土史研究談話会編『沼津史談』第九号、一九七〇年。

沼津市史編さん委員会編『沼津市史　通史編　近世』沼津市、二〇〇六年。

藤田覚『水野忠邦――政治改革にかけた金権老中』東洋経済新報社、一九九四年。

藤田覚「近代の胎動」（藤田覚編『近代の胎動（日本の時代史一七）』吉川弘文館、二〇〇三年）。

藤田覚『田沼意次――御不審を蒙ること、身に覚えなし』ミネルヴァ書房、二〇〇七年。

福留真紀『徳川将軍側近の研究』校倉書房、二〇〇六年。

福留真紀『名門譜代大名・酒井忠挙の奮闘』角川学芸出版、二〇〇九年。

福留真紀『将軍側近　柳沢吉保――いかにして悪名は作られたか』新潮社、二〇一一年。

福留真紀「田沼意次邸の『中御勝手通』――美濃衆東高木家の家督相続をめぐって――」（『古文書研究』第七十六号、二〇一三年）。

松尾美恵子「幕府拝借金と越後高田藩政」（『徳川林政史研究所研究紀要』昭和五十一年度、一九七七年）。

山本和人「姫路のやきもの　東山焼試論」（『姫路美術工芸館紀要』5、二〇〇四年）。

山本英貴「内願と幕藩関係――近世後期の熊本細川家――」（本田毅彦編『つながりの歴史学』北樹出版、二〇一五年）。

山本博文『参勤交代』講談社、一九九八年。

山本博文『切腹――日本人の責任の取り方』光文社、二〇〇三年。

山本博文『江戸時代を「探検」する』新潮社、二〇〇五年。

山本博文『江戸の雑記帖』双葉社、二〇〇九年。

元号	年	西暦	月	日	忠友齢	忠成齢	出来事
天文	11	1542	12	26			岡崎城主松平広忠と正室於大の方（刈谷城主水野忠政の娘）の間に、竹千代（のちの徳川家康）誕生。
享保	10	1725	7	28			水野忠恒が、毛利師就を松之廊下で切り付ける。松本藩改易。忠恒は秋元喬房に召し預けられる。
			8	28			水野忠穀に、信濃国佐久郡7000石が与えられる。忠恒、忠穀のもとに移され、蟄居する。
	16	1731	2	3	1		水野忠友誕生。
元文	4	1739	3	18	9		忠友、将軍世子家重の嫡子竹千代（のち家治）の御伽役となる。
寛保	2	1742	11	5	12		忠友、家督相続。7000石。
	3	1743	11	15	13		忠友、西丸小姓（家治付）に就任。
延享	2	1745	9	25	15		8代将軍徳川吉宗、将軍職を辞す。
			11	2			徳川家重、9代将軍に就任する。
宝暦	8	1758	10	15	28		忠友、小姓組番頭格西丸御用取次見習に就任。

宝暦	10	1760	4	1	30		忠友、西丸御側御用取次に就任。
宝暦	10	1760	5	13	30		9代将軍徳川家重、将軍職を辞す。忠友、本丸御側御用取次に就任。
宝暦	10	1760	9	2	30		徳川家治、10代将軍に就任する。
宝暦	12	1762	12	1	32	1	忠成、旗本岡野知暁の次男として誕生。
明和	2	1765	1	28	35	4	忠友、上総国夷隅郡と長柄郡に１０００石加増、計８０００石。
明和	5	1768	11	15	38	7	忠友、若年寄に就任。勝手掛。奥兼帯。５０００石加増。計１万３０００石。
安永	3	1774	7	27	44	13	次女八重姫と田沼意次４男金弥（のち水野忠徳）の婿養子縁組の許可。
安永	6	1777	4	21	47	16	忠友、側用人に就任。勝手掛はこれまで通り。従四位下。７０００石加増。計2万石。
安永	6	1777	11	6	47	16	忠友、駿河国沼津にあらたに城地を築くよう命じられる。
安永	6	1777	12	7	47	16	八重姫（22歳）と忠徳（19歳）の婚姻。
安永	7	1778	12	1	48	17	忠成、水野忠隣へ養子入りし、忠隣の養女と婚姻。

元号	年	西暦	月	日			事項
天明	1	1781	4		51	20	忠成、小納戸に任じられる。
			9	18			忠友、老中格、側用人兼帯。5000石加増。計2万5000石。
			9	27			忠友、勝手掛を命じられる。
			11	15			忠友、侍従となる。
	4	1784	12	2	54	23	忠成、西丸小姓就任（豊千代付）。
	5	1785	1	29	55	24	忠友、老中に就任。勝手掛、奥兼帯。5000石加増。計3万石。
	6	1786	8	27	56	25	田沼意次、老中を免職となる。
			9	5			忠徳を離縁する。
			9	8			10代将軍徳川家治、死去（50歳）。
			12	18			八重姫（31歳）と忠成の婿養子縁組での婚姻が許可される。
	7	1787	4	15	57	26	徳川家斉、11代将軍に就任する。
			6	19			松平定信、老中首座に就任する。奥兼帯。勝手掛（7／6）。
			12	4			忠友、勝手掛を免ぜられる。奥向御用はこれまで通り。
	8	1788	3	4	58	27	松平定信、将軍補佐に任じられる。

天明	8	1788	3	28	58	27	忠友、老中を免ぜられ雁之間詰に、忠成、帝鑑之間詰となる。
寛政	5	1793	7	23	63	32	松平定信、将軍補佐と老中を免職となる。
寛政	8	1796	11	29	66	35	忠友、西丸老中就任（家慶付）。
享和	2	1802	9	19	72	41	忠友、死去。
享和	2	1802	11	5	72	41	忠成、家督相続。
享和	2	1802	11	24	72	41	忠成、奏者番に任じられる。
享和	3	1803	8	9		42	忠成、奏者番兼寺社奉行に任じられる。
文化	3	1806	10	12		45	忠成、若年寄に任じられる。
文化	5	1808	8	15		47	フェートン号事件。
文化	9	1812	4	4		51	忠成、西丸御側御用人（家慶付）に任じられる。
文化	14	1817	8	23		56	忠成、老中格、西丸側用人兼任。
文化	15	1818	2	29		57	忠成、勝手掛を命じられる。
文政	1	1818	8	2		57	忠成、老中に就任。西丸側用人兼任。
文政	3	1820	4	21		59	一橋治済、従一位に叙せられる。
文政	4	1821	11	11		60	忠成、1万石加増される。計4万石。

文政	5	1822	3	1		61	家斉、従一位に叙せられる。
	12	1829	12	16		68	忠成、1万石加増される。計5万石。
天保	5	1834	2	28		73	忠成、死去。

福留真紀　1973（昭和48）年東京都生まれ。東京工業大学准教授。東京女子大学文理学部卒業。お茶の水女子大学大学院博士後期課程修了。博士（人文科学）。著書に『名門譜代大名・酒井忠挙の奮闘』。

Ⓢ新潮新書

758

名門水野家《めいもんみずのけ》の復活《ふっかつ》

御曹司《おんぞうし》と婿養子《むこようし》が紡《つむ》いだ100年《ねん》

著　者　福留真紀《ふくとめまき》

2018年3月20日　発行

発行者　佐　藤　隆　信

発行所　株式会社新潮社

〒162-8711　東京都新宿区矢来町71番地
編集部(03)3266-5430　読者係(03)3266-5111
http://www.shinchosha.co.jp

図版製作　ブリュッケ

印刷所　株式会社光邦

製本所　憲専堂製本株式会社

ISBN978-4-10-610758-0　C0221